深圳市经济增长质量的统计研究

张军超◎著

中国国际广播出版社

图书在版编目（CIP）数据

深圳市经济增长质量的统计研究／张军超著．—北京：中国国际广播出版社，2018.7
ISBN 978 - 7 - 5078 - 3980 - 7

Ⅰ.①深…　Ⅱ.①张…　Ⅲ.①区域经济—经济增长质量—经济统计—统计分析—深圳　Ⅳ.①F127.653

中国版本图书馆 CIP 数据核字（2018）第 175694 号

深圳市经济增长质量的统计研究

著　　者	张军超
责任编辑	杜春梅
装帧设计	人文在线
责任校对	有　森

出版发行	中国国际广播出版社　[010 - 83139469 010 - 83139489（传真）]
社　　址	北京市西城区天宁寺前街 2 号北院 A 座一层
	邮编：100055
网　　址	www. chirp. com. cn
经　　销	新华书店
印　　刷	北京市金星印务有限公司

开　　本	710×1000　1/16
字　　数	100 千字
印　　张	7.75
版　　次	2018 年 10 月　北京第一版
印　　次	2018 年 10 月　第 1 次印刷
定　　价	32.00 元

目 录

图表索引

第1章 导 论

1.1 研究的背景和意义

中国经济经历了三十多年的高速增长，当前正步入新常态阶段。党的十八届五中全会明确指出，适应引领新常态，要"以提高发展质量和效益为中心"，"破解发展难题，厚植发展优势，必须牢固树立并切实贯彻创新、协调、绿色、开放、共享的发展理念"。作为改革开放排头兵的深圳，较早遇到土地与水资源紧缺、环境容量透支、城市不堪人口重负等瓶颈约束，这成为深圳转向更加注重效率的可持续发展的契机。2010年以来，深圳市积极实施质量发展战略，坚持质量引领、创新驱动，率先走上了质量型增长、内涵式发展之路。在经济新常态阶段，全面践行"五大发展理念"，坚持以深圳质量为引领，实现"有质量的稳定增长、可持续的全面发展"，更是深圳市率先全面实现小康社会、努力建成现代化国际创新型城市的必然选择。

在此背景下，本文以"深圳市经济增长质量"为主题进行研究，以统计数据为基础，对深圳市经济增长质量做出综合评价，并重点探讨和研究对经济增长质量有重要影响的产业融合和企业全要素生产率问题。

本研究以深圳市经济增长质量为对象，并与北上广等城市进行比较研究，在丰富和深化该领域的研究上，具有一定的理论意义。在实践上，可为深圳市经济增长质量的提高提供参考依据，对国内其他地区或城市也有一定的借鉴意义。

1.2　相关文献综述

1.2.1　关于经济增长质量内涵和测度的主要文献

（1）经济增长质量的内涵

学术界对经济增长质量概念内涵的界定主要基于两个视角：一是从狭义的视角，如卡马耶夫（1983）认为经济增长质量可以等同于经济增长效率；二是从广义角度来理解，认为经济增长质量相对于经济增长数量而言具有更丰富的内涵，属于一种规范性的价值判断（如 Robert J. Barro，2002；刘树成，2007；钞小静、任保平，2011 等）。

狭义的经济增长质量。苏联经济学家卡马耶夫（1983）是较早分析经济增长质量的学者之一，他强调经济过程中各种资源（既包括生产资源，也包括非生产资源）的使用效率才是经济增长质量水平提升的关键。经济增长应是数量扩张和质量提升统一发展的过程，只有提高投入产出质量、生产要素组合配置和效率质量，才有经济增长质量的提高（王积业，2000）。经济增长中，在生产要素投入一定的情况下，增长率越高则增长质量越高，可将经济增长质量直接理解为经济增长效率（刘亚建，2002）。

广义的经济增长质量。从广义角度来理解经济增长质量的学者由于考虑的角度不同，所以对经济增长质量的内涵也有各种不同的定义。

Robert J. Barro（2002）认为经济增长质量是与经济增长数量紧密相关的社会、政治及宗教等方面的因素，包括受教育水平、预期寿命、健康状况、法律和秩序发展的程度以及收入不平等。集约型的增长方式、稳定协调和可持续的增长过程、经济与社会效益显著提高的增长结果以及较强的经济潜能为一体的经济增长就是高质量的经济增长（李岳平，2001）。经济增长质量与经济增长数量的持续性紧密相关，提高经济增长质量就是要不断提高经济增长的稳定性、可持续性、结构协调性以及经济增长效益和和谐性（刘树成，2007）。钞小静、任保平（2011）依据中国经济转型的实际问题，将经济增长质量界定为与经济增长密切相关的六个内容：经济增长的效率、经济增长的结构、经济增长的稳定性、经济增长的福利变化与成果分配、资源利用和生态环境代价以及国民经济素质。

（2）经济增长质量的测度

关于经济增长质量的测度，对应于现有经济增长质量内涵的狭义和广义这两种界定，分别形成用全要素生产率和指标体系综合评价法来测度增长质量的两种思路。

从狭义角度理解经济增长质量，学者采用全要素生产率的变化来度量经济增长质量，如郭庆旺等（2005）、刘亚军等（2006）分别估算了1979—2004年我国以及浙江省全要素生产增长率，据此做出评价分析，考察全要素生产率对经济增长的影响。从广义角度理解经济增长质量，学者根据对质量内涵的理解，选取各维度指标构建评价指标体系，利用数据对各分类指标进行合成得到经济增长质量的测度结果，并做出评价分析。如李岳平（2001）选取经济增长的稳定性、技术进步的贡献、经济效益、经济结构、居民生活和经济增长的代价六个方面共24项分指标，用因子分析法对我国1978—1999年经济增长质量进行测度。李永友（2008）从经济增长速度、效率、经济结构和社会结构等方面构建经济增长质量评价指标体系，对长三角地区经济发展质量进行计量分析。钞小静（2009）构建了包括经济增长的结构、稳定性、福利变化与成果分配以及资源利用和生态环境代价等方面的评价指标体系，利用主成分分析法对 1978—2007 年中国经济增长质量进行测度。向书坚、郑瑞坤（2012）构建的深圳经济增长质量指数由经济、社会与环境三个系统中资源配置与利用运行质量情况构成，共选取了 41 个指标。董晓远、廖明中（2013）从发展水平、稳健性、有效性、结构合理性、创新性、可持续性和包容性七个方面选取 17 个指标来衡量深圳的经济发展质量。李娟伟、任保平（2014）从经济增长的稳定性、经济结构、生产效率、生态环境代价、国民经济素质以及福利变化与成果分配六个维度，采用主成分分析法构建重庆市经济增长质量指数。

1.2.2 关于中国生产性服务业与各产业融合及空间分布的主要文献

随着服务经济时代的到来，服务业尤其是生产性服务业的发展日益受到理论界和实业界的关注。早在 20 世纪 60 年代，Greenfield（1966）就在对服务业进行功能性分类时提出了生产性服务业概念，后来 Browning & singelman（1975）、Daniels（1985）、Stull & Madden（1990）等经济学家对生产性服务的行业界定及行业特征做了深化研究。如果服务可分为资本品服务和消费品服务的话，则消费品服务就是为最终消费者提供的服务，资本品服务就是作为中间性投入提供给其他企业促进生产活动的服务，即生产性服务（程大中，2006）。

（1）中国生产性服务业与各产业融合

程大中（2006）采用投入产出法对中国生产者服务业的增长、结构变化及其影响进行经验研究，发现中国服务业的生产者功能逐渐显现，但生产者服务业占国民总产出比重偏低；中国服务业与其他产业或部门的前后向联系效应相对较弱，未能对经济产生应有的带动作用，且本身受其他部门的需求拉动作用也不大。臧霄鹏和林秀梅（2011）研究发现，中国生产性服务业和其他产业部门的关联关系较弱，生产性服务业自身的关联程度相对较大，生产性服务业的发展空间巨大。邓丽姝（2013）认为，生产性服务业为主导并与其他产业形成全面的产业融合，是北京产业升级中的主要动力，服务业发展有较强的自我增强效应。

更多研究关注生产性服务业与制造业的关系。Cohen&Zysman（1987）、Rowthorn&Ramaswamy（1999）、Klodt（2000）等认为，服务业发展以制造业为前提和基础，依附于制造业发展而发展。而 Pappas&Sheeham（1998）、Karapmerlioglu&Carlsson（1999）认为，制造业因服务业发达而竞争力增强，其生产率提高有赖于服务业特别是生产性服务业发展提供的条件。更多的学者（陈宪、黄建峰，2004；顾乃华，2005；胡晓鹏、李庆科，2009；汪德华、江静、夏杰长，2010；肖文、徐静、林高榜，2011；李博，韩增林，2012）认为，一方面，制造业为生产性服务业提供支持，是生产性服务业发展的前提和保证；另一方面，生产性服务业渗入制造业的中间和最终环节，有利于制造业效率提高。生产性服务业和制造业部门表现为相互促进、相互制约、共同进退的互动关系。

（2）生产性服务业与制造业的空间分布

邱灵等（2008）对北京市制造业与生产性服务业空间分布的研究表明，两者均呈现显著的空间集聚性，但两者在集聚与分散的空间格局上差异明显，就业空间分布的一致性较差，制造业与配套生产性服务业具有空间可分性。

王海江等（2014）分析中国中心城市生产性服务业对外服务能力的规模分布及格局变化。研究认为，生产性服务能力的规模递增趋势明显，在全国性中心城市与省域中心城市都存在集聚。京沪和各省会及副中心城市是生产性服务高度集中地。生产性服务业与制造业间的区域性空间组合特征明显：制造业在腹地生产，生产性服务业向中心集聚。

章文等（2015）利用全局和局域 Moran 指数及其双变量变体，结合 Moran 散点图和 LISA 图，对深圳市的制造业和生产性服务业企业空间关联格局进行定量分析。深圳市生产性服务业与制造业空间自相关性明显，且两者具有空间可分性。

1.2.3 关于企业层面全要素生产率研究的主要文献

随着中国工业数据库的开放使用，微观企业层面对中国全要素生产率的研究成为研究热点。不同于宏观层面 TFP 估计，企业 TFP 估计中会产生因联立性（simultaneity）和选择性偏误（selection bias）带来的内生性问题，为解决此类问题，学者们提出了一系列新的修正方案和前沿的估计方法。鲁晓东、连玉君（2012）对这些新方法的逻辑进行了梳理，并应用 OLS 法、FE 法、OP 法和 LP 法等参数和半参数方法估算了 1999—2007 年我国工业企业 TFP，横向对比发现 OP 法和 LP 法等半参数方法能更好地解决传统方法中的内生性问题。李玉红等（2008）利用 2000—2005 年中国国家统计局企业调查数据，结合 BHC 方法和偏离份额方法，从企业动态演化的角度分析技术进步和资源重新配置在工业生产率变动中的作用。Brandt 等（2009）利用 1998—2006 年的中国工业企业数据估算了中国 TFP 增长率，并对 TFP 增长进行了分解。余淼杰（2010）使用 1998—2002 年中国制造业企业层面上的面板数据和高度细化的进口数据考察贸易自由化对制造业企业生产率的影响。聂辉华等（2011）使用 1999—2007 年中国制造业企业数据，分析了企业的全要素生产率离散程度并对其进行分解刻画资源误置程度。聂辉华等（2012）介绍了中国工业企业数据库的基本情况和使用现状，指出了该数据库存在的缺陷，并根据现有研究提出了改进建议。毛其淋等（2013）运用1998—2007年中国制造业企业的微观数据对企业进入与退出的特征及其与全要素生产率动态演化的关系进行了系统性的实证研究。杨汝岱（2015）从构建面板数据、资本变量处理、价格指数处理等方面全面规整中国工业企业库，应用OP、LP等方法估算中国制造业企业TFP；应用MP法分解企业TFP变化，发现制造业效率提升更多依靠企业自身成长，而企业间资源配置效应相对变小，提出应更好发挥市场在资源配置中的决定性作用，提高资源配置效率；对所有制结构与TFP间的关系进行研究，并从资源配置效率的角度简要分析了国有企业改革问题。

在企业所有制差异与效率的关系研究方面，姚洋（1998）利用第三次工业普查企业资料进行的实证研究表明，非国有企业比国有企业具有较高的技术效率。刘小玄（2000）利用1995年全国工业普查数据的研究发现，效率由高到低的依次为私营个体企业、三资企业、股份和集体企业和国有企业。吴延兵（2012）以企业效率最大化要求剩余索取权与剩余控制权相对应的理论为基础，分析认为国有企业中存在着生产效率和创新效率的双重损失，而这正是由国有企业的公有产权属性决定的。杨汝岱（2015）的研究发现，中国制造业不同所有制类型企业的效率差异较大，其中国有企业效率最低，其表现在"抓大放小"和资源倾斜的背景下仍然最差。吴万宗、宗大伟（2016）考察了不同混合所有制形式的企业效率差异问题，发现公有资本和其他非公有资本混合的企业效率高于仅仅包含公有资本或者仅仅包含非公有资本的企业效率。以上文献共识之处就是中国不同所有制企业间存在着生产率水平差异，且国有企业效率不如其他所有制企业。

1.3 研究内容、研究方法和可能的创新

1.3.1 研究目标

测算深圳市及北上广等城经济增长质量并进行比较研究；考察深圳生产性服务业与各产业的融合情况及空间分布情况；测算深圳市制造业企业全要素生产率，解析制造业效率动态变化，探讨所有制与全要素生产率的关系。

1.3.2 研究内容

本文的研究内容除绪论及结论外，主体内容包括三个部分：

（1）深圳市经济增长质量的综合评价。本部分从宏观整体的层面，对深圳市经济增长质量进行综合评价。借鉴任保平等（2011）的研究，根据经济增长质量的内涵，从结构优化、稳健有效、民生共享、资源环境和创新素质等五个维度构建经济增长质量评价指标体系，选取历年深圳市统计数据，利用主成分分析法测算深圳市经济增长质量指数，对深圳市经济增长质量的时序变化进行分析并对深圳与北上广等城市的经济增长质量进行比较分析。本部分主要分为四节：①构建经济增长质量评价指标体系；②深圳市经济增长质量的测度及结果；③北上广深经济增长质量的比较；④影响深圳市经济增长质量的指标分析。

（2）深圳市生产性服务业与各产业的融合及空间分布。本部分基于产业融合的角度，聚焦深圳生产性服务业发展，运用投入产出法和

空间统计法考察其与各产业特别是制造业的融合情况及空间分布情况。本部分主要分三节：①深圳生产性服务业的增长与结构；②深圳市生产性服务业与各产业的融合；③深圳市生产性服务业与制造业的空间分布。

（3）深圳市制造业全要素生产率估计与分析。本部分基于微观企业的数据，对深圳市制造业企业全要素生产率进行测算和分析。运用 2005—2014 年深圳规模以上工业企业数据，从构建面板数据、资本变量、中间投入、直接材料消耗和劳动力变量处理、价格指数处理等方面全面规整深圳工业企业数据库，计算企业层面全要素生产率，分析深圳制造业资源误置情况，分解全要素生产率变动、解析深圳制造业效率动态变化，考察深圳企业所有制与全要素生产率的关系。本部分主要分四节：①深圳工业企业数据库的规整及企业全要素生产率方法；②深圳制造业全要素生产率的估计；③深圳制造业资源误置及效率动态变化；④所有制异质与深圳制造业效率。

1.3.3　研究方法

本文采用理论分析和实证研究相结合的方法。在经济增长质量内涵理论分析基础上构建指标体系，运用主成分分析法对深圳市经济增长质量进行总体评价，并做纵向与横向的比较研究；运用投入产出法分析深圳生产性服务业与各产业的互动融合情况，运用空间统计相关工具考察深圳生产性服务业与制造业空间分布情况；利用深圳工业面板数据，运用 LP 和 OP 方法测算深圳制造业企业层面全要素生产率，运用 MP 分解法剖析制造业效率的动态演化，运用比较研究法分析深圳所有制异质与制造业效率关系。

1.3.4 技术路线

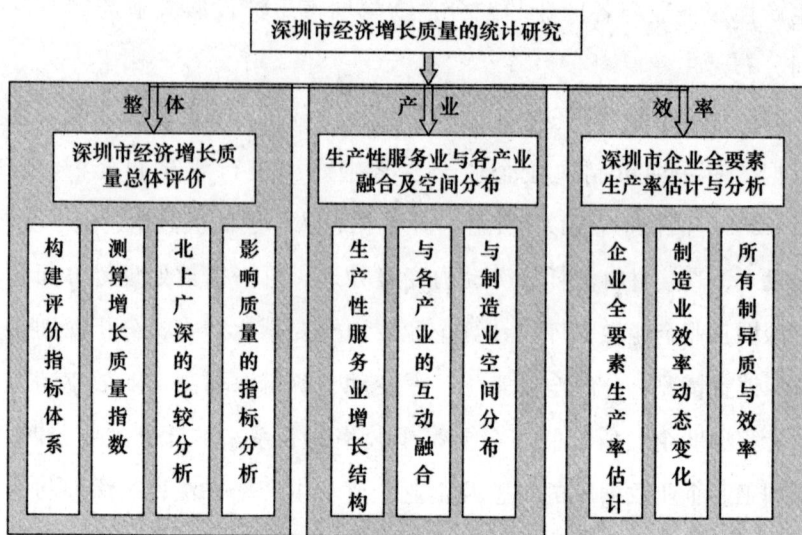

图 1-1 报告研究技术路线

1.3.5 可能的创新之处

本文试图在以下几个方面有所创新：

（1）将深圳经济增长质量的研究从单一的自身历史纵向分析拓展到先进城市间的横向对比分析，从现有文献资料看，国内少有使用这种对比方法进行城市经济增长质量研究，因此本研究体现了一定的学术性和应用普适性。

（2）采用投入产出分析和空间统计分析相结合的方法，基于深圳市投入产出表数据和第三次经济普查数据，对深圳市生产性服务业与各产业融合及空间分布情况展开分析。

（3）本文基于企业层面进行 TFP 估计时，在构建面板数据、资本变量方面有所改进。与现有文献对中国数据样本的研究结论不同，本文发现：深圳制造业资源再配置效应超过企业自身成长效应；深圳国有及国有控股企业效率表现良好，优于外商及港澳台投资企业。

第 2 章　深圳市经济增长质量总体评价①

2.1　引言

当前中国经济正步入新常态阶段，适应经济发展新常态，更加要求以提高经济发展质量和效益为中心，加快经济发展方式由规模速度型粗放增长向质量效率型集约增长转变，实现有质量有效益可持续的发展。自 2010 年以来，深圳市积极实施质量发展战略，坚持质量引领、创新驱动，率先走上质量型增长、内涵式发展之路。那么，进入新世纪以来，在产业升级和经济转型的重要发展期，深圳市经济增长质量水平发生着什么样的变化？与北上广等城间的水平差距如何？这种差距是缩小还是放大了？本章根据经济增长质量的内涵，从结构优化、稳健有效、民生共享、资源环境和创新素质五个维度构建经济增长质量评价指标体系，分析 2000—2013 年深圳市经济增长质量的变化及对其产生影响的指标变化，并与北上广等一线城市进行比较研究。对以上问题的回答，可为理

---

① 本章全文内容分别以《北上广深经济增长质量测度和分析》为题发表在《工业技术经济》2016 第 3 期，以《深圳市经济增长质量分析：2000—2013》为题发表在《商业经济研究》2016 年第 9 期中。

解中国经济发达城市的经济增长过程提供一个全新视角，也可为政府经济发展政策的科学决策提供参考。

2.2　经济增长质量评价指标体系

2.2.1　经济增长质量概念内涵

学术界对经济增长质量概念内涵的界定主要基于两个视角：一是从狭义的视角，如卡马耶夫（1983）认为经济增长质量可以等同为经济增长效率。王积业（2000）认为经济增长应是数量扩张和质量提高的统一发展，要不断提高资源的利用效率。但更多的学者（Robert J. Barro，2002；刘树成，2007；李永友，2008；钞小静、任保平，2011；董晓远、廖明中，2013；李娟伟、任保平，2014；广东省统计局课题组，2014）倾向从广义角度来理解经济增长质量，认为经济增长质量相对于经济增长数量而言具有更丰富的内涵，包涵与经济增长数量紧密相关的社会、政治、生态等各方面的因素。钞小静、任保平（2011）依据中国经济转型的实际问题，将经济增长质量界定为与经济增长密切相关的内容，分别是经济增长的结构、稳定性、福利变化与成果分配以及资源利用和生态环境代价等四个维度。李娟伟、任保平（2014）从效率、稳定性、经济结构、生态环境代价、国民素质以及成果分享性六个维度构建了经济增长质量指标体系。广东省统计局课题组（2014）认为高质量的经济增长应包含经济结构优化、产业转型升级、科技进步、经济质量效益提升、民生福利改善、生态环境的改善等方面内容。

2.2.2 经济增长质量评价指标体系的构建

按照经济增长质量的内涵，在综合各方研究的基础上，从经济增长结构优化、经济运行稳健有效、民生改善成果共享、资源节约环境友好、创新驱动素质提升五个维度共选取 35 个代表性指标构建经济增长质量评价指标体系（见表 2－1）。经济增长结构优化（以下简称结构优化）维度分产业结构、需求结构和金融发展三个分项共设置 10 个指标；经济运行稳健有效（以下简称稳健有效）维度分运行效率和运行稳健两个分项共设置 6 个指标；民生改善成果共享（以下简称民生共享）维度分民生改善和成果分配两个分项共设置 6 个指标；资源节约环境友好（以下简称资源环境）维度分资源利用和环境代价两个分项共设置 5 个指标；创新驱动素质提升（以下简称创新素质）维度分创新投入和环境及创新成果两个分项共设置 8 个指标。

表 2－1　经济增长质量综合评价指标体系及权重

维度	分项指标	代表性指标	单位	属性	指标在维度中权重	维度权重
经济增长结构优化	产业结构	工业化率	%	+	0.020	0.196
		第三产业产值比重	%	+	0.131	
		第三产业就业比重	%	+	0.101	
		二元对比系数		+	0.113	
		二元反差系数		－	－0.021	
	需求结构	消费率	%	+	0.117	
		投资率	%	+	－0.112	
		进出口总额/GDP	倍数	+	－0.145	
	金融发展	存款额/GDP	%	+	0.140	
		贷款额/GDP	%	+	0.105	

维度	分项指标	代表性指标	单位	属性	指标在维度中权重	维度权重
经济运行稳健有效	运行效率	全要素生产率增长率		+	−0.151	0.2162
		劳动生产率		+	0.223	
		资本生产率		+	0.215	
		土地产出率		+	0.242	
	运行稳健	通货膨胀率	%	·	0.131	
		经济波动率	%	+	0.105	
资源节约环境友好	资源利用	单位 GDP 能耗	倍数	−	0.238	0.221
		单位 GDP 电耗	倍数	−	0.238	
	环境代价	单位产出固体废弃物排放	倍数	−	0.216	
		单位产出大气污染程度	倍数	−	0.221	
		单位产出污水排放	倍数	−	0.195	
民生改善成果共享	民生改善	人均 GDP	元	+	0.166	0.2074
		失业率	%	−	0.213	
		平均预期寿命	岁	+	0.148	
		人均可支配财力	元	+	0.171	
	成果分配	城镇家庭高低组收入比	倍数	−	0.214	
		劳动者报酬占比	%	+	0.145	

维度	分项指标	代表性指标	单位	属性	指标在维度中权重	维度权重
创新驱动素质提升	创新投入和环境	R&D 经费支出占GDP 比例	%	+	0.156	0.2206
		科学技术经费财政支出占比	%	+	0.078	
		教育经费财政支出占比	%	+	0.116	
		平均受教育年限	年	+	0.157	
		高速公路密度	公里/平方公里	+	0.157	
	创新成果	高新技术产品产值占比	%	+	0.151	
		具有自主知识产权产品产值占比	%	+	0.149	
		万人发明专利申请授权量	件/万人	+	0.152	

表中属性"＋"表示基础指标是正向指标、"－"是逆向指标、"·"是适度指标；权重由主成分分析法分析计算而得，见本章第三部分"主成分分析"。

2.3　主要指标说明与数据处理过程

2.3.1　主要指标说明

结构指标中，工业化率是用非农产业就业比重来衡量；二元对比系数以农业比较劳动生产率与非农产业比较劳动生产率之比表示，二元反差系数用非农产业产值比重与非农产业就业比重之差的绝对值表示。消费率和投资率分别用国民经济支出法核算的最终消费率和资本形成率表示。存款额/GDP 和贷款额/GDP 分别用金融机构本外币各项存款余额和贷款余额与 GDP 之比表示。效率指标中，全要素生产率增长率使用全国、各省直辖市自治区（因黑龙江、贵州、云南、西藏、青海、宁夏缺全社会从业人数未进入计算）和广州深圳的面板数据，根据 DEA - Malmquist 指数法测算得到。劳动生产率用实际 GDP 除以全社会从业人数表示。资本生产率是利用实际 GDP 与资本存量之比表示，资本存量采用永续盘存法进行估计，基期资本存量由基期投资额除以年均投资增长率和资本折旧率之和而得。土地产出率用 GDP 除以建成区面积表示。稳健指标中，通货膨胀率用城镇居民消费价格指数表示。经济波动率用（本年经济增长率－上年经济增长率）/ 上年经济增长率来表示。民生指标中，人均可支配财力用公共财政预算支出除以常住人口表示。劳动者报酬占比用国民经济收入法核算的劳动者报酬比 GDP 来表示。城镇居民高低组收入比用城镇家庭 20% 高收入组与 20% 低收入组的人均可支配收入之比表示。创新指标中，R&D 经费支出占 GDP 比例用科学研究与试验发展（简称 R&D）经费支出占同期 GDP 的比例表示。万人发明专利申请授权量指每万人拥有国内发明专利件申请授权量，即当年国内发明专利申请授权量/常住人口。高新技术产品产值占比指规上工业总产值中高新技术产品产值的比重，具有自主知识产权产品产值占比指规上工业高新技术产品产值中具有自主知识产权产品产值的比重。

2.3.2　数据的选取与处理过程

本章考察 2000—2013 年深圳的经济增长质量，各指标数据来自《深圳统计年鉴》、《中国统计年鉴》、国家统计局网站数据查询、《中国城市统计年鉴》、《广东统计年鉴》和《深圳社会建设统计年鉴》。对于部分缺失数据，如 2000—2004 深圳单位 GDP 电耗按全社会用电量除以当年 GDP 计算，2000—2004 年深圳单位 GDP 能耗根据其与电耗间的相关关系估算，2001—2013 年深圳固定资产投资价格指数用广东省固资价格指数代替，2000 年用中国固资价格指数代替。2000 年深圳平均预期寿命、2000—2001 年深圳 R&D 经费支出占 GDP 比例、2004 年深圳劳动者报酬占比、2013 年深圳城镇居民高低组收入比依据移动平均的方法进行估计，2013 年深圳消费率由 2013 年社消零比重推算而得，2013 年投资率由 2013 年社会投资额比重推算而得。对于异常数据，如 2000—2002 年深圳建成区面积数据由中国城市年鉴的数据加龙岗宝安大约 262 平方公里（1999 年的数据）建成区面积。对于计算资本存量时资本折旧率的选取，参照张军等（2004）的研究标准取值为 9.6% 。对于适度指标，居民消费价格指数取 102 为其适度值。最后，使用极差法对所有基础指标进行无量纲化处理。

2.4 深圳市经济增长质量的测度及结果

2.4.1 数据有效性检验

利用主成分分析法进行经济增长质量指数的合成，使用极差法对所有基础指标进行无量纲化处理后，对每个维度各自进行主成分分析合成出维度指数，再将这五个维度指数合在一起进行主成分分析（也用极差法对各维度指数进行无量纲化处理）得到经济增长质量的总指数。进行主成分分析前，对五个维度及最后总指数的数据表进行 KMO 取样适当性度量和 Bartlett 检验来检验数据有效性，本章数据均通过了检验，结果见表 2－2。

表 2 - 2　**KMO 取样适当性度量和 Bartlett 球形检验结果表**

维度	KMO 取样适当性度量	Bartlett 球形检验的统计参数值		
		近似卡方分布	自由度	显著性
结构优化	0.743	156.611	45	0.000
稳健有效	0.566	78.046	15	0.000
资源环境	0.728	73.902	10	0.000
创新素质	0.768	136.888	28	0.000
民生共享	0.676	101.279	15	0.000
总指数	0.821	85.194	10	0.000

2.4.2　提取主成分及确定指标权重

通过数据有效性检验后，分别对五个维度及总指数进行主成分分析，提取主成分，确定基础指标和维度的权重。五个维度及总指数的特征值、方差贡献率及累计方差贡献率的计算结果见表 2 - 3。根据特征根大于 1 的选取原则，结构优化维度、稳健有效维度和民生共享维度各选取前两个主成分，资源环境维度、创新素质维度及总指数各选取第一个主成分。

表 2 - 3　维度指标主成分统计特征

维度	成分	特征根	方差贡献率	累积方差贡献率
结构优化	1	6.541	0.654	0.654
	2	1.861	0.186	0.840
稳健有效	1	3.394	0.566	0.566
	2	1.473	0.245	0.811
资源环境	1	4.056	0.811	0.811
创新素质	1	6.195	0.774	0.774

维度	成分	特征根	方差贡献率	累积方差贡献率
民生共享	1	4.110	0.685	0.685
	2	1.134	0.189	0.874
总指数	1	4.431	0.886	0.886

利用主成分分析计算出的因子载荷矩阵，计算各基础指标在合成维度指数中的权重以及维度指数在总指数中的权重。各基础指标在合成维度指数中的权重以及各维度指数在总指数中的权重的计算公式为：

$$\sum_{i=1}^{t}\left(F_i\,因子载荷系数 \div \sqrt{F_i\,特征值}\right) \times \left(F_i\,方差贡献率 \div 前\ t\ 个主\right.$$

成分累计方差贡献率）公式中，i 代表第 i 个主成分，t 为根据选取原则选取的主成分个数。各基础指标在维度指数中的权重以及各维度在总指数中的权重结果见表 2－1。各维度指数在总指数中的权重均在 0.2 左右，由大到小分别为资源环境、创新素质、稳健有效、民生共享、结构优化，说明任何一个维度上的优化都有助于深圳经济增长质量水平提高。

2.4.3 深圳市经济增长质量测度结果：2000—2013

利用无量纲化的基础指标数据，结合表 2－1 各维度以及基础指标对应的权重，可以分别测算出深圳市经济增长质量各维度指数和总指数水平，具体结果见表 2－4。如图 2－1，从总体情况看，2000—2013 年深圳市经济增长质量呈现上升趋势，年均增长 17.5%，特别是 2004 年后指数水平持续上升，年均增长 18.3%。与 2000—2013 年同期深圳市 GDP 年均实际增长 13.7%、名义增长 15.7%[①]相比，深圳经济增长质量水平的增

---

① 根据《深圳统计年鉴 2014》本市生产总值及本市生产总值指数计算而得。

速甚至超过了数量水平的增速，说明新世纪以来深圳市在推动经济总量增长的同时，在经济发展方式的转变和经济结构的调整方面也取得显著成绩。从各维度来看，5 个维度指数均有明显增加，其中结构优化维度和创新素质维度因其起点较低而增长幅度相对较高，水平绝对增加值最高的是创新素质维度和资源环境维度。除个别年份如 2000 年、2005—2007 年结构优化维度指数值、2001 年稳健有效维度指数值为负外，其他年份各维度指数值均为正值，表明各维度都有力推动了经济增长质量的改善，从而保证了深圳经济增长质量持续提高。

表 2-4　深圳市经济增长质量各维度指数和总指数的测度结果（2000—2013）

年度	结构优化	稳健有效	资源环境	民生共享	创新素质	总指数
2000	-0.0261	0.0978	0.0604	0.3177	0.0122	0.1296
2001	0.1405	-0.0441	0.3472	0.3121	0.1366	0.2214
2002	0.1431	0.1514	0.3125	0.2481	0.2351	0.2669
2003	0.0690	0.1733	0.2510	0.1062	0.2566	0.2088
2004	0.0472	0.1761	0.1606	0.2758	0.2792	0.2333
2005	-0.1592	0.2100	0.2407	0.4099	0.3492	0.2580
2006	-0.1903	0.3367	0.3971	0.4892	0.4666	0.3604
2007	-0.0254	0.3000	0.2915	0.5803	0.4992	0.3991
2008	0.0705	0.3102	0.5017	0.6812	0.6057	0.5186
2009	0.4331	0.4216	0.6191	0.5411	0.7789	0.6595
2010	0.4393	0.5641	0.7240	0.6367	0.8124	0.7505
2011	0.4283	0.5090	0.9320	0.8720	0.8325	0.8440
2012	0.6158	0.6952	0.9705	0.8508	0.9792	0.9690
2013	0.6054	0.8326	1.0854	0.9095	1.0671	1.0587

利用主成分分析法，使用2000—2013年深圳数据，计算出各基础指标在维度指数中的权重以及维度在总指数中的权重（见表2-1），并测算出深圳市经济增长质量各维度指数和总指数水平（见表2-4）。各维度在总指数中的权重均在0.2左右，由大到小分别为资源环境、创新素质、稳健有效、民生共享、结构优化，说明任何一个维度上的优化都有助于深圳经济增长质量水平提高。

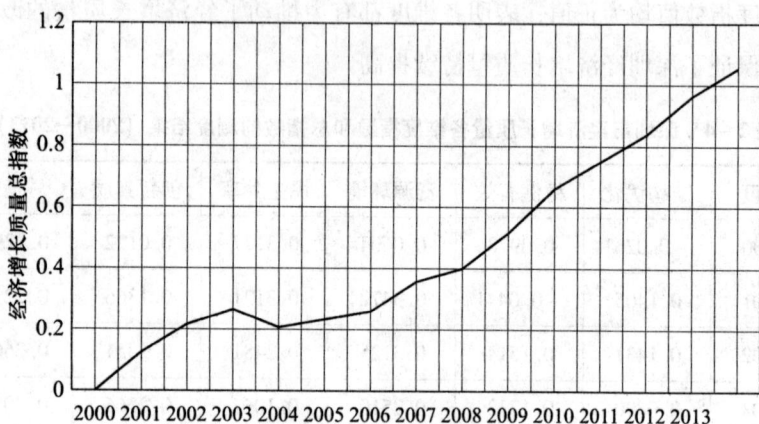

图 2-1　深圳经济增长质量总指数（2000—2013）

2.5　北上广深经济增长质量的比较

2.5.1　北上广深经济增长质量指标体系及测算结果

基于经济增长质量的内涵，结合数据的可得性及在城市间的可比性，以同样五个维度共选取33个代表性指标构建指标体系（见表2-5）。

表 2 - 5 北上广深经济增长质量综合评价指标体系及权重

维度	分项指标	代表性指标	单位	属性	指标在维度中权重	维度在总指数中权重
经济增长结构优化	产业结构	工业化率	%	+	0.079	0.2457
		第三产业比重	%	+	0.1198	
		第三产业就业比重	%	+	0.1551	
		二元对比系数		+	− 0.0389	
		二元反差系数		—	0.0774	
	需求结构	消费率	%	·	0.1397	
		投资率	%	·	0.042	
		进出口总额/GDP	%	+	0.0264	
	金融发展	存款额/GDP	%	+	0.1404	
		贷款额/GDP	%	+	0.1385	
经济运行稳健有效	运行效率	全要素生产率增长率		+	0.091	0.1775
		劳动生产率	万元/人	+	0.3487	
		资本生产率		+	− 0.0838	
		土地产出率	万元/平方公里	+	0.3506	
	运行稳健	通货膨胀率	%	·	0.1559	
		经济波动率	%	+	0.0754	

续表

维度	分项指标	代表性指标	单位	属性	指标在维度中权重	维度在总指数中权重
资源节约环境友好	资源利用	单位 GDP 能耗	倍数	—	0.2269	0.2076
		单位 GDP 电耗	倍数	—	0.2107	
	环境代价	单位产出大气污染程度	倍数	—	0.2209	
		单位产出污水排放	倍数	—	0.2059	
		单位产出固体废弃物排放	倍数	—	0.2228	
民生改善成果共享	民生改善	人均 GDP	元	+	0.1069	0.3060
		人均可支配财力	元	+	0.7159	
		恩格尔系数	%	—	0.2081	
		失业率	%	—	0.5942	
		平均预期寿命	岁	+	0.042	
	成果分配	劳动者报酬占比	%	+	0.2282	
		城镇居民高低组收入比	倍数	—	0.1612	
创新驱动素质提升	创新投入和环境	R&D 经费支出占 GDP 比例	%	+	0.301	0.3016
		科技经费财政支出占比	%	+	0.2038	
		教育经费财政支出占比	%	+	0.175	
	创新成果	平均受教育年限	年	+	0.3369	
		万人发明专利申请授权量	件/万人	+	0.3098	

表中属性"+"表示基础指标是正向指标、"-"是逆向指标、"·"是适度指标;权重由全局主成分分析分析计算而得。

运用北京、上海、广州和深圳的面板数据进行全局主成分分析。各基础指标在维度指数中的权重以及各维度在总指数中的权重结果（见表2-5），将无量纲化处理后的基础指标数据使用表2-5中的权重数据加权加总，可以得到五个维度的得分，随后使用无量纲化的维度得分及其权重算出北上广深经济增长质量的综合得分。各维度得分和综合得分分别以2000年四城中的最低值为100，其他值按与该值的比例进行换算，最后得到如表2-6所示的各维度指数和总指数。

表2-6　北上广深经济增长质量各维度指数和总指数的测度结果（2000—2013）

年度	地区	结构优化	稳健有效	资源环境	民生共享	创新素质	总指数	地区	结构优化	稳健有效	资源环境	民生共享	创新素质	总指数
2000		256	100	134	214	430	331		123	156	100	100	181	100
2001		263	106	253	208	428	361		146	182	105	78	209	116
2002		295	51	340	214	479	398		179	204	157	82	190	155
2003		316	100	400	230	500	466		193	238	233	83	244	212
2004		323	119	441	239	554	510		182	230	322	120	277	264
2005		331	151	477	232	592	542		197	250	381	139	342	330
2006	北京	353	164	579	249	746	644	上海	204	285	422	147	459	400
2007		343	215	629	264	712	674		211	334	483	165	456	453
2008		373	144	681	280	749	699		228	269	510	184	465	461
2009		434	187	698	308	787	792		266	321	557	202	570	562
2010		437	274	716	324	819	857		281	399	554	220	551	612
2011		437	224	793	345	869	886		288	341	608	237	597	634
2012		448	290	807	369	992	980		304	380	644	244	694	701
2013		452	310	828	393	982	1013		314	390	671	263	672	727

续表

年度	地区	结构优化	稳健有效	资源环境	民生共享	创新素质	总指数	地区	结构优化	稳健有效	资源环境	民生共享	创新素质	总指数
2000		100	129	404	113	100	136		129	122	700	135	204	271
2001		112	101	436	112	96	137		157	73	727	135	255	288
2002		134	101	468	97	125	154		168	161	714	132	337	349
2003		114	166	521	138	117	214		172	174	706	126	347	353
2004		107	198	533	140	153	238		172	184	699	147	366	380
2005		107	192	583	159	174	270		129	188	706	184	318	374
2006	广州	119	241	620	170	181	317	深圳	129	230	731	187	407	425
2007		115	238	655	181	221	343		143	204	721	213	432	449
2008		115	197	663	197	254	351		136	186	752	226	516	480
2009		152	209	703	210	313	416		180	201	773	224	714	574
2010		186	308	721	221	253	474		183	278	782	245	760	640
2011		179	279	786	237	366	519		178	270	802	283	722	660
2012		193	359	795	248	479	605		181	357	811	285	822	730
2013		196	417	817	258	454	637		190	359	832	299	887	771

2.5.2 四城经济增长质量水平分析

(1)四城经济增长质量水平大幅提升

如表2-6中数据及图2-2所示，四城的经济增长质量总指数均呈现不断上升态势，而且提升显著。北京、上海、广州和深圳的总指数水平分别由2000年的331、100、136和271增至1013、727、637和771，增长最快的是上海，13年间增长6.27倍，年均增长16.5%，其次是广州增长3.68倍，年均12.6%，再次是北京增长2.06倍，年均9.0%，最后是深圳增长1.85倍，年均8.4%。从维度指数上看，四城的各维度指数也呈上升态势。创新素质维度指数的平均增速最高，为 10.4%；其次是资源环境维度，增速为 9.4%，稳健有效维度、民生共享维度、结构优化维度指数年平均分别增长 5.1%、8.6% 和 6.3%。

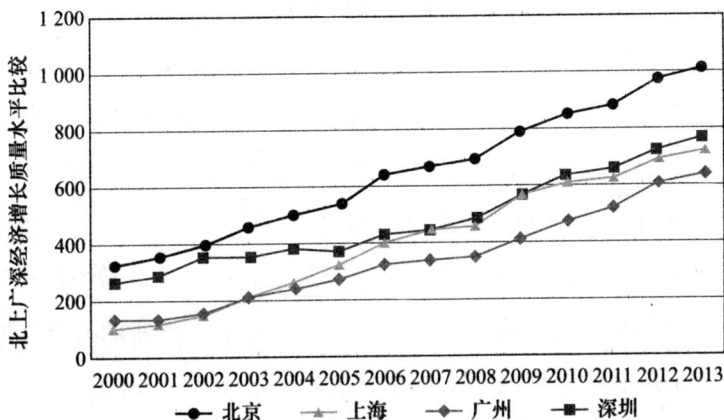

图 2 - 2　北上广深经济增长质量水平比较（2000—2013）

（2）四城间呈现梯度性和阶段性差异

由图 2 - 2 可知，北上广深的经济增长质量水平存在差异，呈现出明显的梯度性，在不同的阶段，梯度的组成城市形成"前二中分化后三"的变化特征。

从历年总指数水平的首末值可见四城间经济增长质量水平的差距。首末值差距的绝对量逐年增加，相对量下降。2000 年，排名第一的北京比排名第四的上海高出 231 点，是其 3.3 倍。两者的差异主要体现在创新素质和民生共享维度上，创新素质维度方面，北京的 R&D 经费支出占 GDP 比为 4.92%，上海只有 1.61%，万人发明专利申请授权量北京每万人 0.79 件，上海是每万人 0.19 件，而在民生共享维度的七个代表性指标方面，北京均优于上海。2013 年，第一的北京比第四的广州高 376 点，是其 1.6 倍，北京在结构优化、创新素质和民生共享这三个维度远远优于广州。

2000—2002 年，北京和深圳两者的总指数平均值约为 333，上海和广州的只有约为 133，相差 200 个点，因此可将四城的经济质量水平分为两个梯度，北京和深圳处于第一梯度，两者间差距不大，平均约 61；上海和广州属第二梯度，两者间差距更小，平均为 19。2003—2007 年，深圳的质量水平增长缓慢，与北京的差距越拉越大，平均差距达到 150 多点，从第一梯度中掉队，而同期上海增长迅速，从 212 增至 453，三年间增长 1.14 倍，快速赶上深圳，与深圳形成第二梯度，广州则从 2003 年与上海持平到 2007 相差 110 点，成为第三梯度。2007—2013 年，前一阶段后期形成的北京第一、深圳上海居二、广州第三的三梯度格局维持稳定，四城排名情况没有变化，但近六年来四城总指数平均增速的差异反映出后列城市的追赶态势。近六年来北京、深圳、上海和广州的平均增速分别为 7%、8%、9%、11%，广州的增速比北京高出 4 个百分点，显示出追赶的强劲动能。

（3）四城经济增长质量差异的收敛

通过计算 2000—2013 年四城经济增长质量指数值的变异系数、基尼系数和 σ 系数[①]来进一步考察四城经济增长质量的差异问题。由图 2−3 可以看出，用变异系数、基尼系数和 σ 系数表示的 2000—2013 年四城经济增长质量差距分布呈现清晰的趋同和收敛态势。2000—2005 年间，基尼系数、变异系数和 σ 系数都较大，表明四城经济增长质量间存在明显的差异，但各系数都一致显现出快速缩小的趋势，基尼系数、变异系数和 σ 系数分别由 2000 年的 0.25、0.52 和 0.81 减小到 0.14、0.31 和 0.43，

---

① Q_i 为某一年 i 城的经济增长质量指数值（按四城指数值大小排序，$Q_4 \geq Q_3 \geq Q_2 \geq Q_1$），EQ 为同一年四城经济增长质量指数值的平均值，LQ_i 为四城经济增长质量对数值，ELQ 为四城经济增长质量对数值的均值，S 表示标准差，变异系数 CV、基尼系数 G 和 σ 系数的计算公式为 $CV = \dfrac{s}{EQ}$，$G = 1 - \dfrac{1}{4} - \dfrac{2}{4^2 \times EQ} \times (3Q_1 + 2Q_2 + Q_3)$，$\sigma = \sqrt{\dfrac{1}{4} \times \sum_i (LQ_i - ELQ)^2}$。

四城间经济增长质量的差异在较高速率和相当程度上得以缩小。2005 年后，各系数的变动依旧是朝向收敛态势发展，下降速度却有所放缓，说明四城间差异在进一步缩小，而在短期内则不会完全消除差异的存在。

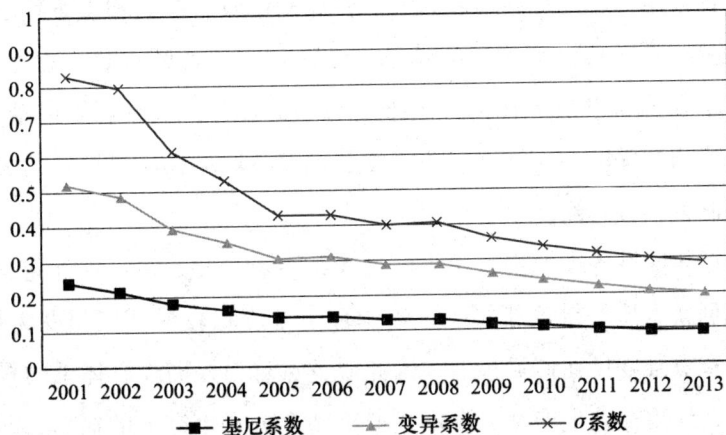

图 2-3 北上广深经济增长质量的差异（2000—2013）

进一步对各维度指数的变异系数、基尼系数和 σ 系数的考察表明，各维度对总指数差异收敛产生的作用不一。资源环境维度的差异缩减力度在五个维度中最大，成为推动总指数差异收敛最主要的力量，其基尼系数由 2000 年的 0.39 持续缩减到 2013 年的 0.04（变异系数和 σ 系数变动与基尼系数一致），2013 年北京、广州和深圳的资源环境维度指数只相差 10 点左右，几无差异。创新素质、民生共享、稳健有效维度对总指数差异缩减的作用依次递减，总体上各维度差异都在减少，但各自变动趋势存在差别。创新素质维度的差异总体上持续缩减，只在 2006 年、2010 年和 2013 年有些微扩大。民生共享维度的差异在 2000—2002 年间有所扩大，2002—2005 年快速缩小，2005 年后只有微小缩幅。稳健有效维度差异变动呈现波浪式趋势，2003 年后属微风细浪型，2009 年后差异逐渐减少。结构优化维度的差异分布各系数在 2000 年和 2013 年几乎相同，说明结构优化维度对总指数差异收敛未起到积极作用。

（4）四城经济增长质量提升的空间

经济增长质量的提升离不开经济结构的优化调整、经济运行效率提高和过程稳定、经济福利不断提升、资源利用效率提高和生态环境代价降低以及经济增长潜能的不断增强，结构优化、稳健有效、资源环境、民生共享和创新素质等任何一个维度水平的提升，都有利于推动北京、上海、广州和深圳的经济增长质量增长，但各城增长质量提升的关键点应因城制宜，各有侧重。

从近年四城各维度指数水平的比较结果看，北京在结构优化、民生共享、创新素质等维度排第一，资源环境维度相较深圳广州并无优势，而稳健有效维度排在四城最后，因此应重点着力提高经济体系的投入产出效率，注重劳动生产率、资本生产率和全要素生产率的提高，同时应有效应对经济下行压力。深圳在结构优化维度排最后，第三产业比重、消费投资结构的合理性方面落后于其他三城，在金融发展上落后于北京上海，因此深圳在产业结构、需求结构、金融发展上有很大的提升空间。同时在稳健有效和民生共享方面，深圳应关注劳动生产率和全要素生产率的提高，更加注重收入分配的公平。上海在资源环境维度上落在最后，应重点加强节能环保力度，提高资源利用效率，减少工业三废等污染排放物。上海在万人发明专利申请授权量、R&D 经费支出占 GDP 比、人均受教育年限以及劳动者报酬占比、人均 GDP、失业率等指标均落后于北京深圳，有较大提升空间。而广州在创新素质、民生共享和结构优化等维度上均需加力追赶。

2.5.3 深圳与北上广经济增长质量的对比分析

由表 2-6 中四城总指数水平的对比变化可得表 2-7。数据显示深圳市除 2007 排名第三外，其他年度均居次席。但深圳在 2003 年后与首位北京的差距越拉越大，同期也被上海追上，仅有微弱优势。从各维度指数和基础指标看，深圳在结构优化维度排最后，第三产业比重、消费投资结构的合理性方面落后于其他三城，在金融发展上落后于北京上海，因此深圳在产业结构、需求结构、金融发展上有很大的提升空间。同时在稳健有效和民生共享方面，深圳应关注劳动生产率和全要素生产率的提高，更加注重收入分配的公平。

表 2 - 7　北上广深经济增长质量对比（2000—2013）

年度	2000		2001		2002		2003		2004		2005		2006	
	指数	排名	指数	排名	指数	排名	指数	排名	指数	排名	指数	排名	指数	排名
北京	331	1	361	1	398	1	466	1	510	1	542	1	644	1
上海	100	4	116	4	155	3	212	4	264	3	330	3	400	3
广州	136	3	137	3	154	3	214	3	238	4	270	4	317	4
深圳	271	2	288	2	349	2	353	2	380	2	374	2	425	2

年度	2007		2008		2009		2010		2011		2012		2013	
	指数	排名	指数	排名	指数	排名	指数	排名	指数	排名	指数	排名	指数	排名
北京	674	1	699	1	792	1	857	1	886	1	980	1	1013	1
上海	453	2	461	3	562	3	612	3	634	3	701	3	727	3
广州	343	4	351	4	416	4	474	4	519	4	605	4	637	4
深圳	449	3	480	2	574	2	640	2	660	2	730	2	771	2

2.6　影响深圳市经济增长质量的指标分析

2.6.1　经济增长结构优化维度

图 2 - 4 显示深圳市结构优化维度指数在 2000 年以及 2005—2007 年为负，但之后强势上扬，成为提高深圳市经济增长质量的重要因素。结

合表2－1结构优化分项指标所对应的权重来看，工业化率、第三产业产值比重、就业比重、二元反差系数、消费率、存款占比和贷款占比等指标对经济结构优化都是正向作用，符合一般逻辑，但投资率和进出口总额占比具有负面影响，这与其为正向指标的原设置相悖。与其他城市相比，深圳的需求结构表现出消费率和投资率均明显偏低、进出口总额占比明显偏高的特殊性，这也许是其系数及权重为负的原因。学者认为中国的投资率和消费率的适度水平分别应为38%和60%，而深圳的投资率在2005年达到最高点41.8%，其后一直下降到2012年的27.9%，2000—2012年的消费率平均约为41.3%，不管是投资率还是消费率都远远低于公认的适度水平，因此必须重视需求结构的调整，加大扩大内需力度，促进经济增长质量进一步提高。

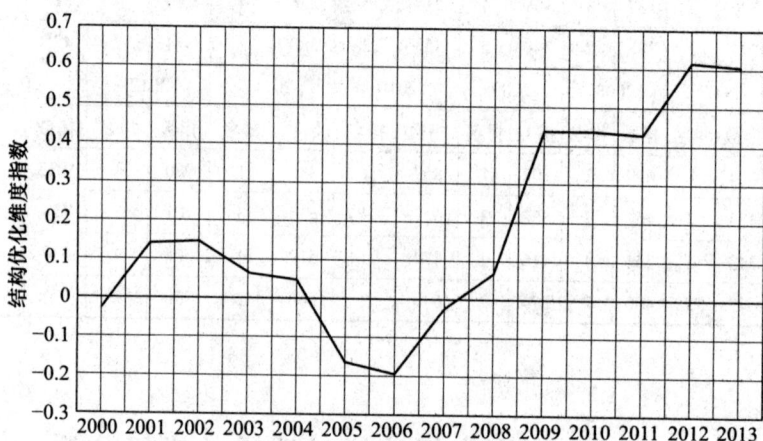

图2－4　结构优化维度指数

2.6.2　经济运行稳健有效维度

图2－5显示，经济运行稳健有效指数在考察期内显著提高。土地产出率13年间增长了2.3倍，劳动生产率增长了1.8倍，从而促进了整个

经济增长质量的提高。全要素生产率增长率则在考察期内阻碍了深圳经济增长的运行效率，相比北上广，深圳的全要素生产率增长率平均水平最低，如何提升全要素生产率应该是深圳市在未来发展过程中需要应对的问题之一。在经济运行稳健方面，深圳经济保持比较稳定健康发展，年度间极少出现速度的跳跃。物价也比较稳定，考察期内仅 2001 年和 2009 年出现通货紧缩，2008 年和 2011 年 CPI 超过 5%，其他年份物价涨幅均在合宜水平 2% 左右。通货膨胀率和经济波动率这两个指标的改善促进了深圳经济运行稳健有效的改善。

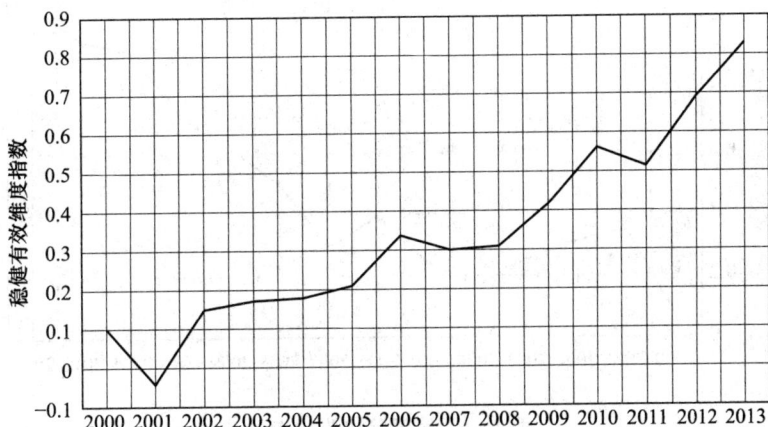

图 2-5　稳健有效维度指数

2.6.3　资源节约环境友好维度

加强能源资源节约和生态环境保护对于人民群众切身利益和经济可持续发展具有重要意义。如图 2-6，资源环境维度指数的时序变化表明深圳市资源利用效率和环境友好程度在考察期内显著提高。从基础指标的时序变化来看，深圳市单位生产总值能耗由 2000 年的 0.58 吨标准煤/万元下降到 2013 年的 0.43 吨标准煤/万元，单位生产总值电耗由 2000 年的 870 千瓦小时/万元下降到 2013 年的 608 千瓦小时/万元，表明深圳市在资源利用方面取得显著成效。在"三废"排放方面，虽然排放总量上升了，但单位排放量明显下降。单位产出大气污染程度由 0.305 下降到 0.143，单位产出污水排放由 1.965 下降到 1.055，单位产出固体废弃物由 0.02 下降到 0.008，这些都成为资源环境指数改善的重要因素。与其他三城相比，深圳在资源利用环境友好维度排在首位，说明深圳在建设"资源节约型和环境友好型社会"方面走在了全国前列。

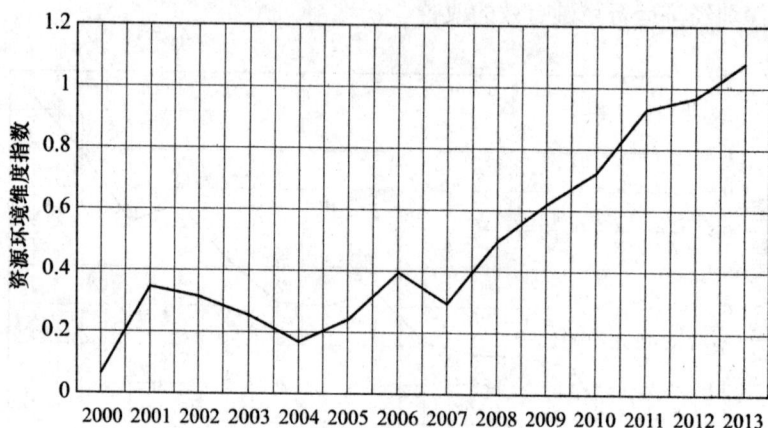

图 2-6　资源环境维度指数

2.6.4　民生改善成果共享维度

民生改善、成果共享一直是经济增长质量考察的重点内容，如图 2-7 所示，民生共享维度指数除了 2003、2009 年下降之外，总体呈不断上升趋势，深圳人民生活水平和保障水平日益提高，成果分配也趋改善。人均 GDP 由 2000 年的 32800 元增长到 2013 年的 136947 元、增长了 3.18 倍，人均可支配财力由 2000 年的 3209 元增长到 2013 年的 15908 元，名义年均增长 13.1%，说明财政投入经济社会建设的强度加大。城镇登记失业率在考察期内平均约为 2.41%, 平均预期寿命由 2001 年的 76 岁提高到 2013 年的 79.6 岁, 人民就业和健康得到较好保障。劳动者报酬占比由 2000 年的 0.33% 增长到 2013 年的 0.45%, 呈上升趋势。城镇高低组（最高 20% 比最低 20%）人均可支配收入比在 2003 年的最高点后总体呈下降趋势, 这两个指标的变动反映出深圳在在收入分配方面的改善。从基础指标权重的大小对比来看, 城镇家庭高低组收入比和失业率的权重相对较高, 说明扩大就业和缩小收入差距是深圳未来提高经济增长质量的重要途径。

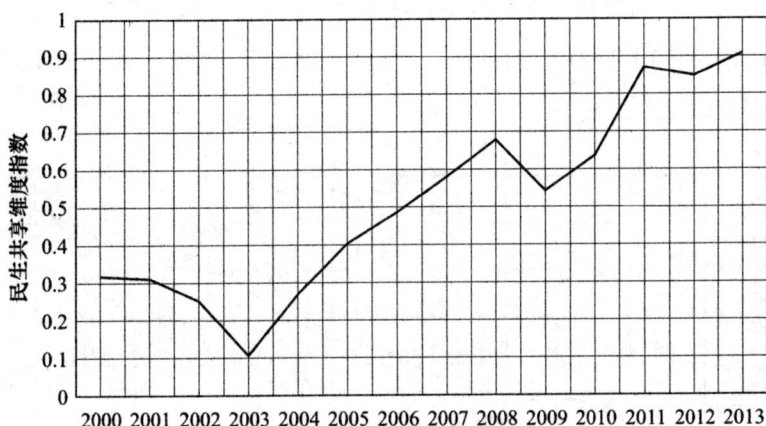

图 2-7 民生共享维度指数

2.6.5 创新驱动素质提升维度

创新素质维度反映了经济中增长潜能因素, 能给未来经济增长创造必要的物质技术条件及良好的外部环境, 也是影响经济增长质量的重要因素。图 2-8 显示, 深圳市创新素质指数持续快速增长, 从 2000 年至 2013 年增加了 1.055 个指数单位。从创新投入和环境看, R&D 经费支出占 GDP 比例由 2002 年的 2.47% 增加到 2013 年的 4.03%, 已超过发达国家和地区该指标平均水平；以高速公路为代表的基础设施建设投入也大大提高，高速公路密度由 2000 年的 0.09 增加到 2013 年的 0.21，增加约 1.36 倍；科学技术经费占财政支出的比重从 2000 年的 3.6% 提高到 2013 年的 6.5%；教育经费占财政支出的比重从 2000 年的 8.9% 提高到 2013 年的 14%；平均受教育年限从 2000 年的 9.77 年延长到 2013 年的 10.96 年，这些都说明了深圳市在推动经济总量增长过程中创新环境的投入，为国民经济素质的提高提供了强大动力。从创新成果来看，具有自主知识产权的高新技术产品产值从 2000 年的 383.36 亿元增加到 2013 年的 8649 亿元，占高新技术产品产值比重从 46.8% 增至 61.2%；万人发明专利申请授权量由 2000 年的 0.049 件/万人增加到 2013 年的 10.34 件/万人，创新效果十分显著。

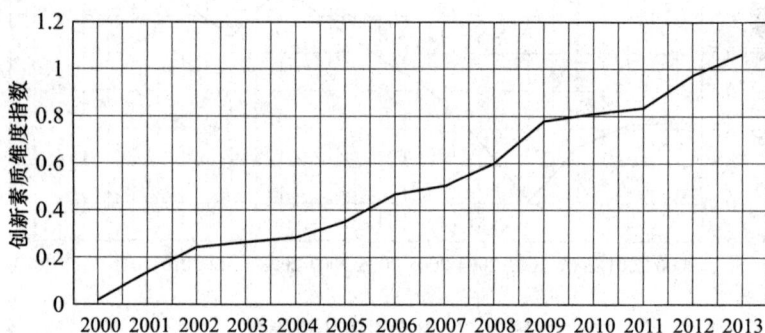

图 2 - 8　创新素质维度指数

2.7　本章小结

在经济新常态下，深圳既要保持经济的稳定增长，又要积极实施质量发展战略，加快推进创新驱动发展，促进经济增长质量提升。在把握经济增长质量内涵的基础上，从结构优化、稳健有效、民生共享、资源环境、创新素质等方面构建经济增长质量评价指标体系，采用主成分分析法对 2000—2013 年深圳市经济增长质量时序变化进行的量化考察表明：

（1）新世纪以来，深圳市经济增长质量水平大幅提升，年均增长17.5%，甚至超过同期 GDP 年均实际增长 13.7%、名义增长 15.7%的速度，深圳市在经济增长的数量水平和质量水平上都取得显著成绩。

（2）经济增长结构优化等五个维度对经济增长质量指数的变化都有正向的作用，影响最大的是资源环境和创新素质维度，稳健有效、民生共享和结构优化维度对经济增长质量指数的作用也较大。

（3）与北京、上海和广州三城的经济增长质量水平相比，深圳市除在 2007 排名第三外，其他年度均处第二位，保持较高水平。但深圳在2003 年后与首位北京的差距越拉越大，同期也被上海追上，在提高增长质量水平上仍需加力。深圳应进一步促进产业结构转型升级，重视需求结构的调整，加大扩大内需力度，推进金融创新发展。同时在稳健有效和民生共享方面，深圳应关注劳动生产率和全要素生产率的提高，更加注重扩大就业和缩小收入差距。

第3章　深圳生产性服务业与各产业的
融合及空间分布[①]

3.1　引言

现代经济增长是经济结构不断调整的过程，生产效率因产业结构变迁带来的要素再配置而提升，从而经济增长质量得以提升，另一方面，产业间的融合发展也是经济增长质量提升的重要来源。生产性服务业作为为国民经济提供中间服务的行业，贯穿于经济生产活动的各个环节，具有创新活跃、产业融合度高、带动作用显著等特点，在促进制造业乃至整个产业结构优化升级方面发挥着重要作用。本章基于对经济增长质量有重要影响的产业层面，聚焦深圳生产性服务业发展，考察其与各产业的融合及空间分布情况。

随着服务经济时代的到来，服务业尤其是生产性服务业的发展日益受到理论界和实业界的关注。早在 20 世纪 60 年代，Greenfield（1966）

---

① 本章前 4 节内容以《深圳生产性服务业的增长、结构及与各产业的融合》为题全文发表在《商业研究》2016 年第 4 期中。

就在对服务业进行功能性分类时提出了生产性服务业概念，后来 Browning & singelman（1975）、Daniels（1985）、Stull & Madden（1990）等经济学家对生产性服务的行业界定及行业特征做了深化研究。如果服务可分为资本品服务和消费品服务的话，则消费品服务就是为最终消费者提供的服务，资本品服务就是作为中间性投入提供给其他企业促进生产活动的服务，即生产性服务（程大中，2006）。

自 20 世纪 60 年代开始，发达国家生产性服务业发展迅猛，成为增长最快的部门，而我国生产性服务业发展相对落后、水平欠佳、结构有待改善等问题突出，亟待加快发展。深圳市也面临同样的问题，生产性服务业发展与发达国家及国内先进水平相比存在差距。要实现深圳制造向深圳创造转变，推动深圳产业结构优化调整，全面提升深圳的经济竞争力和经济增长质量，必须加快发展生产性服务业，努力实现服务业与国民经济中各产业在更高水平上有机融合发展。本章采用投入产出法及空间统计分析方法，基于生产性服务的本来意义，对深圳生产性服务业与各产业的融合及空间关联格局进行实证研究，结果表明：2007—2012 年，深圳生产性服务业在经济中的地位逐步上升，服务业的生产性服务功能日益凸显；深圳生产性服务业与其他产业部门融合发展并不深入，未对经济中其他产业部门产生强大的拉动作用；服务业发展自身具有较强的增强效应，而促进第一、第二产业发展升级的作用有待加强；生产性服务业与制造业空间分布的总体差异明显，二者营收空间分布均呈现显著的空间聚集性，但在空间分布格局上有较大差异，具有空间可分性。

3.2　方法、指标与数据

本章采用的分析方法是投入产出分析方法和空间统计分析方法。投入产出法是美国经济学家里昂惕夫提出的，主要运用投入产出表对经济问题进行定量分析。投入产出表以矩阵形式描述国民经济各部门在一定时期内生产活动的投入来源和产出使用去向，反映了经济系统各个部门（产业）之间相互依存、相互制约的经济技术关系。本章用到的空间统计分析方法主要是全局空间自相关和局部空间自相关分析。本章研究的生产性服务是指经济体中间投入中来自服务部门的投入。本章涉及的指标为：

（1）服务投入率。服务投入率 a_j 指在生产活动中第 j 部门生产单位总产出直接消耗的服务部门提供的服务数量，也即服务投入占总投入的比重，反映国民经济各部门的服务化程度。用公式表示为：

$$a_j = \sum_{i \in s} x_{ij} / X_j \quad (i \in s, \ j = 1, \ 2, \ \cdots n) \qquad 式 3-1$$

$\sum_{i \in s} x_{ij}$，X_j 分别为第 j 部门直接消耗服务数量和第 j 部门的总投入或总产出。某一部门的服务投入率越高，表明该部门的服务化程度越高。

（2）中间需求率。中间需求率 H_i 指国民经济各产业对第 i 产业产品的中间需求量（中间使用）与第 i 产业产品的总需求量（中间需求量 + 最终需求量）的比值，用公式表示为：

$$H_i = \sum_{j=1}^{n} x_{ij} / \left(\sum_{j=1}^{n} x_{ij} + Y_i \right) \quad (i, \ j = 1, \ 2, \ \cdots n) \qquad 式 3-2$$

$\sum_{j=1}^{n} x_{ij}$，Y_i 分别为国民经济各产业对第 i 产业产品的中间需求量和最终需求量。某一产业的中间需求率越高，表明该产业越具有中间产品的性质。

（3）影响力系数。影响力系数指国民经济某一个部门增加一个单位最终使用时，对国民经济各部门所产生的生产需求波及程度。影响力系数 F_j 的计算公式如下：

$$F_j = \sum_{i=1}^{n} \bar{b}_{ij} / \frac{1}{n} \sum_{i=1}^{n} \sum_{i=1}^{n} \bar{b}_{ij} \quad (i, \ j = 1, \ 2, \ \cdots n) \qquad 式 3-3$$

式中 $\bar{b}_{ij}$ 为里昂惕夫逆矩阵 $(I-A)^{-1}$ 的第 i 行、第 j 列之值。

（4）感应度系数。感应度系数是反映国民经济各部门均增加一个单位最终使用时，某一部门由此而受到的需求感应程度，也就是需要该部门提供的完全供给程度与社会平均程度之比。感应度系数越大，则该部门的推动作用越大。感应度系数 E_i 的计算公式如下：

$$E_i = \sum_{j=1}^{n} \bar{d}_{ij} \Big/ \frac{1}{n} \sum_{i=1}^{n} \sum_{j=1}^{n} \bar{d}_{ij} \qquad (i, j = 1, 2, \cdots n) \qquad 式3-4$$

式中，$\bar{d}_{ij}$ 为完全供给系数矩阵 $(I-R)^{-1}$ 的第 i 行、第 j 列之值。

（5）变异系数。用标准差与均值的比值来表示，测度某行业空间分布的总体差异程度，计算公式如下：

$$cv = \sqrt{\frac{1}{n} \sum_{i=1}^{n} (X_i - \overline{X})^2} \Big/ \overline{X} \qquad 式3-5$$

式中：cv 为变异系数；n 为空间单元数量；X_i 表示某属性特征 X 在空间单元 i 的观测值。cv 反映各空间单元某属性特征 X 相对于该指标平均值的整体离散程度。

（6）莫兰指数（Moran's I）。莫兰指数是用来度量空间相关性的一个重要指标，分为全局莫兰指数（GlobalMoran's I）和安瑟伦局部莫兰指数（AnselinLocal Moran's I）。

空间相关性指空间邻接或空间邻近的区域单元属性值的相似程度，用来反映某个属性在全局空间内空间相关性的通用指标之一就是全局莫兰指数（Moran's I）。Moran's I 的取值范围介于 −1 到 1 之间。在显著性水平下，Moran's I > 0 表示空间正相关性，值越大空间相关性越明显；Moran's I < 0 表示空间负相关性，值越小空间差异越大；Moran's I = 0 表示空间呈随机性。全局莫兰指数的计算公式为：

$$GlobalMoran's\ I = \sum_{i=1}^{n} \sum_{j=1}^{n} W_{ij} (X_i - \overline{X})(X_j - \overline{X}) \Big/ S^2 \sum_{i=1}^{n} \sum_{j=1}^{n} W_{ij}$$

$$式3-6$$

式中，$S^2 = \dfrac{1}{n} \sum\limits_{i=1}^{n} (X_i - \overline{X})^2$；$\overline{X} = \dfrac{1}{n} \sum\limits_{i=1}^{n} X_i$；n 为空间单元数量；$X_i$、$X_j$ 分别表示某属性特征 X 在空间单元 i 和 j 上的观测值；W_{ij} 为采用邻近标准构建的空间权重矩阵，即当两个区域具有非零长度的共同边界时，矩阵相应位置的元素值为 1，否则该元素值为 0（包括对角线上的元素）。

局部莫兰指数度量某个属性在某区域与其周围地区的空间上的差异程度及其显著性，是全局空间自相关统计量 Global Moran's I 的分解。局部莫兰指数（AnselinLocal Moran's I）的计算公式为：

$$LocalMoran's\ I = n\ (X_i - \overline{X}) \sum_{j=1}^{n} W_{ij}\ (X_j - \overline{X}) \Big/ \sum_{i=1}^{n} (X_i - \overline{X})^2$$

式 3 - 7

式中，n 为空间单元数量；X_i、X_j 分别表示某属性特征 X 在空间单元 i 和 j 上的观测值；W_{ij} 是空间权重矩阵。

（7）地理联系率。地理联系率用来反映两经济要素在地理分布上的联系情况。地理联系率的计算公式为：

$$G = 100 - \frac{1}{2} \sum_{i=1}^{n}\ |S_i - P_i| \qquad\qquad 式 3 - 8$$

G 为地理联系率，n 为空间单元数量，S_i、P_i 分别是两经济要素在空间单元 i 上的值占全市同类要素的百分比。当 S_i 与 P_i 在地理上的分布较为一致时，G 较大，表明两要素的地理联系率较高；反之，当 S_i 与 P_i 的地理分布差异较大时，G 值较小，表明两要素地理联系不太密切。

本章的产业融合分析数据来源于深圳 2007 年和 2012 年 42 部门投入产出表以及北京 2007 年和 2012 年 42 部门投入产出表。在分析各分类汇总部门如制造业、服务业等之间的投入产出关系时，我们对 42 部门投入产出表分类进行了改造，分别形成了 22 部门和 9 部门的投入产出表。22

部门投入产出表包括农林牧渔产品和服务业、采矿业、资源型制造业、劳密型制造业、资本密集型制造业、技术密集型制造业①、电力、热力、燃气、水的生产和供应业、建筑业及各类服务业部门。9 部门的投入产出表包括农林牧渔产品和服务业、采矿业、资源型制造业、劳密型制造业、资本密集型制造业、技术密集型制造业、电力、热力、燃气、水的生产和供应业、建筑业及服务业。本章空间统计分析数据来源于深圳市第三次经济普查数据以及深圳市行政区域界限地图，深圳各街道面积数据来自各区统计年鉴。将单位普查表中的规模以上工业、限额以上批发零售业法人单位指标数据用调查单位基本情况表中相应指标数据替换；将单位普查表中产业活动单位为本部的记录剔除，汇总同属一家法人单位的产业活动单位各指标数据，然后将其匹配到对应法人单位后从指标数据中减除；最后分街道分别汇总法人单位普查表中通信设备、计算机和其他电子设备业和批发零售业指标数据。

3.3　深圳生产性服务业的增长与结构

3.3.1　深圳生产性服务业的增长

2007—2012 年，深圳生产性服务业快速发展，经济中各产品部门

---

①　根据阳立高等（2014），将制造业 19 个产品部门分类为资源型、劳动密集型、资本密集型和技术密集型制造业四类，资源型制造业：食品和烟草业，石油、炼焦产品和核燃料加工品业，非金属矿物制品业；劳动密集型制造业：纺织品业，纺织服装鞋帽皮革羽绒及其制品业，木材加工品和家具业，造纸印刷和文教体育用品业，金属制品业，金属制品、机械和设备修理服务业，废品废料业；资本密集型制造业：化学产品业，金属冶炼和压延加工品业，通用设备业；技术密集型制造业：专用设备业，交通运输设备业，电气机械和器材业，通信设备、计算机和其他电子设备业，仪器仪表业，其他制造业。

的服务投入总量由 2007 年的 3029.1 亿元增长到 2012 年 6173.8 亿元，年均增长率达到 15.3%，高过总产出年均 11.9% 的增速，但低于服务总产出年均 18.5% 的增速（见表 3-1）。与此同时，深圳服务业的生产性服务功能日益显现，其占总产出的比重（即经济中的服务投入率）由 2007 年的 14.2% 上升到 2012 年的 16.5%，增加 2.3 个百分点。另外，对比深圳经济中的服务投入和物质投入可以发现，虽然其物质投入占总产出比重远远大于生产性服务投入的比重，如 2012 年 48.9% 的物质投入比重远大于同期 16.5% 的服务投入比重，但服务投入的增幅远超物质投入，深圳服务投入 5 年增长逾一倍，而同期物质投入仅增长 56%，也说明深圳生产性服务业增长迅速，在经济中发挥着愈来愈重的作用。

表 3-1　深圳经济增长中的生产性服务投入与物质投入及与北京的比较

	深圳			北京		
	2007	2012	年均增速	2007	2012	年均增速
总产出（亿元）	21345.37	37456.79	11.9%	26749.96	52511.56	14.4%
服务总产出（亿元）	5700.36	13289.55	18.5%	15327.01	29015.49	13.6%
服务投入（亿元）	3029.13	6173.82	15.3%	6042.09	12536.23	15.7%
——占总产出比重（%）	14.19	16.48	-	22.59	23.87	-
——占服务总产出比重（%）	53.14	46.46	-	39.42	43.21	-

	深圳			北京		
	2007	2012	年均增速	2007	2012	年均增速
物质投入（亿元）	11750.00	18332.92	9.3%	11128.45	22095.91	14.7%
——占总产出比重（%）	55.05	48.94	–	41.60	42.08	–

数据来源：根据深圳 2007 年、2012 年 42 部门投入产出基本流量表，北京 2007 年、2012 年 42 部门投入产出基本流量表计算而得。

与国内生产性服务业发展先进水平的北京相比，不管是总体规模还是生产性服务占总产出的比重，深圳都远不及北京，且存在不小差距。2007 年深圳的服务投入仅约为北京的 1/2，到 2012 年还略少于北京的 1/2，其 15.3% 的年均增速也低于北京的 15.7%。从生产性服务占总产出的比重上来看，2007 年深圳比北京低 8.3 个百分点，2012 年深圳的比重约为北京的 2/3，低 7.4 个百分点。两者间数据的对比反映出深圳生产性服务业距先进水平的差距明显，而且差距未见缩减，深圳生产性服务业发展任重道远。

3.3.2　深圳基于中间需求率的生产性服务比重

深圳整个服务业中，14 个服务业分部门均为国民经济提供了生产性服务（见表 3-2）。可用中间需求率来分析服务业及其各分部门提供的总产品中中间产品即生产性服务的比重。某个服务部门中间需求率越高，表示该部门的总产品中提供给国民经济使用的中间服务越多，该部门就越具有生产性服务的性质。2012 年，深圳整个服务业的中间需求率为 40%，各服务部门的生产性服务比重从高到低依次为租赁和商务服务业、交运仓储和邮政服务业、金融业、居民服务、修理和其他服务业、信息传输、软件和信息技术服务业、房地产等。租赁和商务服务业、运储邮政业、金融业及居民服务、修理和其他服务业的生产性服务比重很高，超过整个服务业的平均水平，说明这些服务部门具有十分显著的生产性服务的特性和功能。

表3-2 深圳基于中间需求率的生产性服务比重（％）
及生产性服务分部门构成（％）（2012）

部门	生产性服务分部门构成		基于中间需求率的生产性服务比重	
	深圳	北京	深圳	北京
服务业	100.0	100.0	40.0	32.2
批发和零售	15.9	17.1	33.6	28.1
交通运输、仓储和邮政	17.5	18.8	58.8	39.7
住宿和餐饮	4.4	5.9	30.4	37.3
信息传输、软件和信息技术服务	7.4	6.4	38.5	23.9
金融	21.0	16.3	47.0	48.5
房地产	8.9	5.9	36.0	32.1
租赁和商务服务	19.8	16.1	70.9	70.7
科学研究和技术服务	0.5	6.2	5.1	17.0
居民服务、修理和其他服务	2.6	1.9	43.6	70.9
其他	1.9	5.5	7.3	12.0

数据来源：根据深圳2012年42部门投入产出基本流量表，北京2012年42部门投入产出基本流量表计算而得。

3.3.3　深圳生产性服务分部门构成

从 2012 年深圳服务业提供生产性服务的分部门构成情况看（见表3－2），所占比重排前四位的份额占到整个生产性服务的 74.2%，分别是最高的金融业达 21%；第二的租赁和商务服务业占 19.8%；第三的运储邮政业为 17.5%；第四的批发和零售业占 15.9%。此外，信息传输、软件和信息技术服务占 7.5%，科学研究和技术服务只占 0.5%。金融业、租赁和商务服务业及信息传输、软件和信息技术服务业属于典型的现代服务业范畴，提供着具有较高知识与人力资本含量的生产性服务，上述结构中体现出这几类高层次生产性服务相对于劳动密集型服务业的优势地位，表明深圳生产性服务业结构高级化已达到一定水准。与北京相比，深圳金融业、租赁和商务服务业及信息传输、软件和信息技术服务提供的生产性服务比重达 48.7%，高于北京的 38.8%，运储邮政业及批发和零售业提供的生产性服务比重比北京低 2.5 个百分点，这种对比说明深圳的生产性服务业结构稍优于北京。

3.3.4　生产性服务投入结构

关于投入结构，即分析生产性服务具体都投入哪些部门或产业（见表3－3）。2012 年，深圳生产性服务的六成投入第三产业，近四成投入第二产业，第一产业微乎其微。对比 2007 年，深圳第三产业占用生产性服务的比重上升近 8 个百分点，第二产业占用生产性服务的比重下降近 8 个百分点。从北京的情况看，北京 2012 年和 2007 年的结构基本相同，其生产性服务的四分之三都投入第三产业，第一、二产业的占用份额则很小。北京的这种投入结构与美国等发达国家本世纪初的相应结构①几无差异，反观深圳，其第三产业占用生产性服务的比重与北京存有差距，但呈现出的动态发展趋势表明深圳生产性服务投入结构优化明显，与先进水平愈趋接近。分部门看，2012 年，深圳除批发零售业和运储邮政业外，其他的服务业提供的生产性服务投入第三产业的都多于第二产业，其中金融业提供的生产性服务 76% 都投入第三产业，第二产业占用比重约 24%；租赁和商务服务业提供的生产性服务投入第三产业的占 63%，投入第二产业的不到 40%。但深圳服务业各部门对第三产业提供的服务比重都不如北京的相应数据。

表 3-3　深圳生产性服务投入结构（%）及与北京的比较

部门	深圳			北京		
	第一产业	第二产业	第三产业	第一产业	第二产业	第三产业
服务业（2007）	0.09	47.34	52.57	0.54	23.47	75.98
服务业（2012）	0.01	39.77	60.22	0.44	24.14	75.42
批发和零售	0.02	81.22	18.76	0.55	61.18	38.27
交通运输、仓储和邮政	0.03	53.73	46.24	0.58	24.09	75.33
住宿和餐饮	0.00	31.52	68.48	0.10	17.08	82.83
信息传输、软件和信息技术服务	0.01	10.96	89.03	0.01	7.06	92.94
金融	0.02	23.95	76.04	0.11	19.46	80.43
房地产	0.00	13.66	86.34	0.00	5.19	94.81
租赁和商务服务	0.00	36.94	63.06	0.01	13.99	86.00

---

① 美国 2002 年生产性服务投入第三产业为 75.8%，第二产业为 22.4%，第一产业为 1.7%。[数据来源于程大中（2006）《中国生产者服务业的增长、结构变化及其影响》一文。]

部门	深圳			北京		
	第一产业	第二产业	第三产业	第一产业	第二产业	第三产业
科学研究和技术服务	0.01	49.71	50.28	1.71	21.56	76.73
居民服务、修理和其他服务	0.00	38.95	61.05	0.67	19.87	79.46
其他	0.02	21.80	78.19	1.65	4.59	93.76

数据来源：根据深圳2012年42部门投入产出基本流量表，北京2012年42部门投入产出基本流量表计算而得。

3.4 生产性服务业与各产业的融合

3.4.1 生产性服务业与各产业的融合——基于服务投入率的分析

服务业通过生产性服务的中间投入而对整体经济及相关产业产生作用，通过分析服务投入率，可以看出各产业对生产性服务投入的依赖程度以及不同生产性服务对于相应产业的相对重要性。

第一，从三次产业的总体生产性服务投入情况看，2012年深圳三次产业的服务投入率分别为5.28%、10.17%、27.97%（见表3-4），即第一、第二、第三产业每单位产出中投入了大约0.05、0.10、0.28单位的服务业。深圳和北京都呈现出第三产业的生产性服务投入率最高、第二产业居中、第一产业最低的特点，说明服务业发展自身具有较强的增强效应，而服务业和生产性服务业促进第一、第二产业发展和升级的作用有待进一步加强。但深圳的三次产业生产性服务投入率均低于北京，表明深圳的服务经济发展水平低于北京，在服务经济时代落于北京之后。

表3-4 深圳三次产业的服务投入率（%）及与北京的比较（2012）

部门	深圳			北京		
	第一产业	第二产业	第三产业	第一产业	第二产业	第三产业
服务业	5.28	10.17	27.97	13.90	13.10	32.59
批发和零售	1.23	3.31	1.39	3.01	5.68	2.83
交通运输、仓储和邮政	2.06	2.40	3.76	3.45	2.45	6.11
住宿和餐饮	0.04	0.36	1.40	0.18	0.54	2.09
信息传输、软件和信息技术服务	0.28	0.21	3.08	0.01	0.24	2.55
金融	1.42	1.29	7.43	0.57	1.72	5.67
房地产	0.01	0.31	3.59	0.00	0.17	2.42
租赁和商务服务	0.09	1.87	5.79	0.05	1.22	5.98
科学研究和技术服务	0.01	0.06	0.12	3.37	0.73	2.06
居民服务、修理和其他服务	0.00	0.26	0.74	0.40	0.20	0.65
其他	0.14	0.1	0.69	2.87	0.14	2.22

数据来源：根据深圳2012年42部门投入产出基本流量表，北京2012年42部门投入产出基本流量表计算而得。

第二，从深圳三次产业对各类服务的使用看，第一产业对运储邮政业，金融业，批发和零售业的消耗使用最多，共占第一产业总服务投入的89%。第二产业对批发和零售业消耗使用最多，占第二产业总服务投入的32.5%；对运储邮政业使用其次，占23.6%；第三是租赁和商务服务，占18.3%，第四是金融，占12.6%，这前四位共占第二产业总服务投入的87%。北京和深圳第二产业使用服务业投入前四位行业及顺位完全相同，说明两城第二产业对服务业使用的结构基本类似，这种消耗使用结构表明两城第二产业仍然过多依靠传统流通服务业，而在创新、专业知识和先进生产运营流程等方面的专业化分工和市场化运作方面依然薄弱，对知识技术密集型生产性服务业如信息服务业、科技服务业等的使用程度较低。与第一、第二产业对服务业使用较为集中不同，第三产业对服务业的使用结构相对分散和均衡，服务业各分部门在服务业的投入结构中均有较重要的地位。

第三，从制造业服务投入率看服务业和制造业的融合。如表3-5，深圳制造业每单位产出中投入了大约0.10单位的服务，其中有0.03单位的批发和零售服务，0.02单位的交运仓储和邮政服务，0.02单位的租赁和商务服务，0.01单位的金融服务。总体来看，深圳制造业的服务化程度不高，生产性服务业与制造业融合发展并不深入；相对来看，制造业与服务业中的批零服务业、运储邮政业，租赁商务服务业及金融服务业融合程度更好。制造业低服务化水平与生产性服务业发展不足、经济服务化水平不高相关，也与发达国家主导的制造业价值链全球配置有关，"微笑曲线"两端往往被发达国家所控制，我国仅仅参与需要较少服务投入的组装加工等低端环节。

表3-5　深圳制造业服务投入率（2012）

部门	服务投入率	第一占比	第二占比	第三占比	第四占比
制造业	10.17%	33.63%	23.11%	18.39%	11.11%
		批零	运储邮政	租赁商务	金融
资源型制造业	11.90%	32.77%	26.97%	21.09%	7.90%
		批零	运储邮政	租赁商务	金融

部门	服务投入率	第一占比	第二占比	第三占比	第四占比
劳动密集型 制造业	9.35%	34.33%	24.92%	16.15%	9.73%
		批零	运储邮政	租赁商务	金融
资本密集型 制造业	9.48%	32.17%	24.37%	20.78%	9.49%
		批零	运储邮政	租赁商务	金融
技术密集型 制造业	10.30%	33.79%	22.52%	18.16%	11.75%
		批零	运储邮政	租赁商务	金融
通信设备、计 算机和其他 电子设备	10.47%	34.77%	21.39%	18.72%	11.94%
		批零	运储邮政	租赁商务	金融
电气机械 和器材	9.70%	31.24%	26.70%	17.11%	11.86%
		批零	运储邮政	租赁商务	金融
化学产品	10.34%	32.30%	25.53%	18.57%	9.57%
		批零	运储邮政	租赁商务	金融
造纸印刷和 文教体育用品	9.24%	40.37%	24.24%	12.34%	9.74%
		批零	运储邮政	租赁商务	金融

数据来源：根据深圳 2012 年 42 部门投入产出基本流量表计算而得。

2012 年，深圳资源型、劳动密集型、资本密集型和技术密集型制造业对各类服务业的消耗和融合程度没有明显差异，对批零和运储邮政等流通服务业的消耗使用最多，对租赁商务、金融等知识密集型服务业消耗使用和融合程度不如流通服务业。相对来说，与流通服务业的融合程度最高的是资源型制造业，与金融业的融合程度最高的技术密集型制造业。深圳制造业内部行业构成中，增加值排名前四的产品部门增加值占制造业的 78%，其中第一位的通信设备、计算机和其他电子设备业增加值占到近六成，他们对服务业的使用基本与第二产业和制造业整体的使用模式相同。通信设备、计算机和其他电子设备业属于技术密集型制造业，其服务业投入率为10.47%，对批零服务、运储邮政服务、租赁商务服务和金融服务的使用比重依次为34.77%、21.39%、18.72%和11.94%，反映出行业比较依赖传统流通服务业的事实，但和后三位相比，它使用金融服务最多，与金融业的融合程度更深。造纸印刷和文教体育用品业属劳动密集型，它对流通服务的使用占其服务业使用的64.6%，高于前三位行业约56%～58%的使用比，表明其更加依赖于传统服务业。

第四，关于服务业分行业的服务投入率。如表3－6，在第三产业分部门中，信息服务业，金融业，运储邮政业、批发和零售业，公共管理、社会保障和社会组织，文化、体育和娱乐的服务投入率高于整体服务业的服务投入率水平，其中信息服务业的服务投入率最高、租赁和商务服务最低。深圳第三产业对生产性服务业的消耗使用较为均衡，金融业，租赁商务服务业，信息服务业，运储邮政业，批发零售业等对服务业的发展均发挥了重要的产业融合效应，服务业自身初步产生了产业关联体系。

表3－6　深圳第三产业服务投入率（2012）

部门	服务投入率	第一占比	第二占比	第三占比	第四占比
服务业	27.97%	26.54%	20.70%	13.43%	12.82%
		金融	租赁商务	运储邮政	房地产
批发和零售	29.63%	35.54%	19.17%	17.25%	12.08%
		金融	租赁商务	运储邮政	房地产
交通运输、仓储和邮政	31.27%	48.19%	20.72%	10.81%	8.38%
		运储邮政	金融	租赁商务	房地产

部门	服务投入率	第一占比	第二占比	第三占比	第四占比
住宿和餐饮	23.65%	33.15%	32.39%	8.88%	8.12%
		租赁商务	房地产	批发零售	运储邮政
信息传输、软件和信息技术服务	37.55%	72.22%	16.48%	3.73%	2.45%
		信息服务	租赁商务	房地产	金融
金融	32%	34.06%	24.69%	16.47%	7.59%
		金融	租赁商务	房地产	住宿和餐饮
房地产	24.44%	52.25%	21.97%	15.14%	5.65%
		金融	租赁商务	房地产	住宿餐饮
租赁和商务服务	15.85%	28.20%	17.73%	15.02%	13.50%
		金融	租赁商务	运储邮政	住宿餐饮
科学研究和技术服务	17.23%	26.52%	20.49%	13.46%	9.46%
		租赁商务	运储邮政	房地产	金融
居民服务、修理和其他服务	25.31%	28.01%	26.12%	16.44%	15.61%
		房地产	金融	运储邮政	租赁商务

数据来源：根据深圳 2012 年 42 部门投入产出基本流量表计算而得。

3.4.2 生产性服务业与各产业的融合——基于影响力系数和感应度系数的分析

通过产业之间相互关联的波及效应，经济体中任一产业的生产活动都能够影响和受影响于其他产业的生产活动。依据投入产出表计算出的影响力系数和感应度系数可以全面刻画产业间互动特征，影响力系数意味着某一产业部门最终需求增加一个单位时对各供应部门的需求波及程度，感应度系数表示如果各个部门都增加生产一个单位的最终产品，某一产业部门受此感应而产生的需求影响程度，通过它们来分析服务业的产业关联效应有助于理清生产性服务与各产业的互动融合。

就深圳整体经济关联效应来看（表 3 - 7），在产业后向联系方面，各产业部门的影响力系数都明显高于服务业，反映出深圳服务业与各后续生产部门的关联程度较低，对各部门产出的拉动作用较低；在产业前向联系方面，电力、热力、燃气、水生产和供应业，制造业整体平均所受到的感应程度高于社会平均影响水平，而服务业的感应度系数为0.9599，稍微低于社会平均影响水平，受各前向生产部门的影响一般，服务业整体对经济发展的需求感应程度不甚敏感。从各产业部门影响力系数和感应度系数有关服务业的分解看，服务业对自身的影响系数为0.4686，占其整个影响力系数的 66.86%，来自自身的感应度系数为0.7771，占整个的 80.96%，说明服务业自身的增强和累积作用非常大，发展具有相对"独立性"；其他各产品部门对服务业的带动作用以及推动作用并不大，如制造业整体对服务业的影响系数为 0.1358，只占其整个影响力系数的 12.06%，来自服务业的感应度系数为 0.0985，只占 9.11%。深圳服务业与经济中其他产业部门的前后向联系效应相对较弱、联系水平相对较低。

表 3 - 7　深圳各产业部门影响力系数与感应度系数

部门	影响力系数			感应度系数		
	整体	对服务业		整体	来自服务业	
农林牧渔产品和服务	0.8535	0.0817	9.57%	0.9457	0.1920	20.30%
采矿业	0.9421	0.0868	9.21%	0.7945	0.0293	3.68%
资源型制造业	0.9588	0.1214	12.66%	1.1566	0.2692	23.28%

续表

部门	影响力系数			感应度系数		
	整体	对服务业		整体	来自服务业	
劳动密集型制造业	1.1756	0.1365	11.61%	0.8775	0.0539	6.14%
资本密集型制造业	1.1984	0.1406	11.74%	1.1282	0.0427	3.78%
技术密集型制造业	1.1814	0.1446	12.24%	0.8763	0.0282	3.22%
电力、热力、燃气、水生产和供应	0.9999	0.1241	12.41%	1.6455	0.2771	16.84%
建筑	0.9894	0.1338	13.52%	0.6159	0.0105	1.70%
服务业	0.7009	0.4686	66.86%	0.9599	0.7771	80.96%

数据来源：根据深圳2012年42部门投入产出基本流量表改造的9部门投入产出表计算而得。

从服务业各分部门的影响力系数和感应度系数来看（表3-8），交通运输、仓储和邮政业，租赁和商务服务业的影响力系数和感应度系数均超过社会平均影响水平，对深圳经济的拉动和支撑作用明显，对深圳经济发展具有重要影响；科学研究和技术服务业，住宿和餐饮业的影响力较强，对经济的带动作用较大；信息传输、软件和信息技术服务业，金融业，房地产业，居民服务、修理和其他服务业的感应度系数高于社会平均影响水平，对深圳经济的推动作用较大。从其影响力系数和感应度系数有关制造业的分解看，运储邮政业，租赁和商务服务业，科学研究和技术服务业，住宿和餐饮业对制造业的影响力较为明显，运储邮政业，租赁和商务服务业，批发和零售业对制造业的推动力较大，可以看出，交通运输及仓储、租赁和商务服务业与制造业的互动情况最好。

表 3-8 深圳各服务部门影响力系数与推动力系数

部门	影响力系数			感应度系数		
	整体	对制造业		整体	来自制造业	
服务业	0.7009	0.1874	26.74%	0.9599	0.1625	16.93%
批发和零售	0.6753	0.1177	17.43%	0.9773	0.2494	25.52%
交通运输、仓储和邮政	1.1176	0.4414	39.50%	1.2777	0.3369	26.37%
住宿和餐饮	1.0716	0.3809	35.55%	0.9605	0.1189	12.38%
信息传输、软件和信息技术服务	0.7677	0.1552	20.21%	1.0492	0.0708	6.75%
金融	0.6913	0.1250	18.08%	1.1544	0.1577	13.66%
房地产	0.5860	0.0731	12.48%	1.0217	0.0986	9.65%
租赁和商务服务	1.0923	0.5146	47.11%	1.3677	0.2917	21.33%
科学研究和技术服务	1.1326	0.5043	44.53%	0.6908	0.0197	2.86%
居民服务、修理和其他服务	0.8743	0.2415	27.62%	1.0605	0.1859	17.53%

数据来源：根据深圳 2012 年 42 部门投入产出基本流量表改造的 22 部门投入产出表计算而得。

总体上看，深圳服务业与其他产业部门的前后向联系效应相对较弱，融合程度相对较低。与上节服务投入率的分析结论一致，服务业未能对第一、第二产业部门产生强大的拉动作用，受它们的需求拉动作用也不大，服务业发展具有较强的内部循环和自我增强作用。细分来看，服务业中的运储邮政业，租赁和商务服务业与制造业的互动融合较好。

3.5 生产性服务业与制造业的空间分布

2012 年深圳投入产出表数据显示，深圳制造业增加值排名第一的是通信设备、计算机和其他电子设备业（简称通信计算机电子设备业），其增加值占到近六成，是深圳制造业最重要的板块。如表 3 – 5 所示，通信计算机电子设备业服务业投入率为 10.47%，其对批零服务的使用比重最高，为 34.77%。本部分以通信计算机电子设备业和批发零售业作为制造业和服务业的代表，考察生产性服务与制造业的空间分布情况。

3.5.1 生产性服务业与制造业空间分布的总体差异

从街道层次来看，深圳通信计算机电子设备业和批发零售业空间分布的总体差异明显，通信计算机电子设备业的变异系数为 2.06，批发零售业变异系数为 1.42，通信计算机电子设备业比批发零售业的空间差异更大。按照自然分组法分别将深圳 57 个街道的通信计算机电子设备业和批发零售业营业收入、营收密度指标分成 5 个等级，得到通信计算机电子设备业和批发零售业空间分布态势。

从营业收入看，深圳通信计算机电子设备业主要集中在西北片区，营收列第 5 级（即营收最高）的街道是龙岗区坂田街道和龙华新区观澜街道，两者合计占通信计算机电子设备业的 35%，列第 4 级的是南山区粤海街道和龙华新区龙华街道，两者合计占比 16%，列第 3 级的有宝安区的沙井、福永、西乡、石岩、光明新区的公明、南山区的西丽、福田区的福保等街道。深圳批发零售业主要集中在福田、罗湖和南山三区，营收列第 5 级的街道有福田区的沙头、香蜜湖、福田、华强北和坪山新区的坪山街道，五街道合计占比 43%，列第 4 级的有福田区的福保、莲花、罗湖区的南湖、翠竹、南山区的南山、粤海、宝安区的新安街道，七街道合计占比 27%，列第 3 级的有福田区的园岭、罗湖区的桂园、黄贝、东门、南山区的招商、南头、宝安区的西乡街道等。

从营收密度看，深圳通信计算机电子设备业密度排最前的几个街道分别是龙岗区坂田街道、福田区福保街道、南山区粤海街道、龙华新区龙华街道、福田区华富街道、南山区蛇口街道、龙华新区观澜街道，营收密度均在 20 亿元/km^2 以上。深圳批发零售业密度排最前的几个街道分别是福田区华强北、罗湖区南湖、福田区福田、福保、香蜜湖、沙头、罗湖区翠竹、桂园、东门等街道，营收密度均在 100 亿元/km^2 以上。

3.5.2　生产性服务业与制造业空间分布的集聚性和可分性

对深圳通信计算机电子设备业与批发零售业营业收入街道分布进行全局自相关分析，两者的 Global Moran's I 分别为 0.250853 和 0.411013，P 值分别为 0.000513 和 0.000000。此结果显示，通信计算机电子设备业与批发零售业营收的街道分布呈现出显著的聚集特征，且具有空间正相关模式，后者的空间聚集程度更为显著。

深圳通信计算机电子设备业与批发零售业营业收入街道分布局部自相关分析的结果显示，两者聚集与分散的空间格局存在明显差异。通信计算机电子设备业的"高高"热点区域集中于龙岗区坂田街道、龙华新区观澜街道和龙华街道。批发零售业"高高"热点区域集中于福田区沙头街道、香蜜湖街道、莲花街道、福田街道和福保街道，"高低"异质性区域在坪山新区坪山街道。

从深圳整体区位分布上看，通信计算机电子设备业"高高"聚集分布格局位于中心城区外围区域，而批发零售业"高高"空间聚集在中心城区区域，两者在空间分布格局上有较大差异。以街道为空间单元计算出的二者营收空间分布的地理联系率仅为 24.3，同样说明深圳通信计算机电子设备业与批发零售业在地理上的联系并不密切，两者空间相互依赖程度较弱，空间分布上具有可分性。因此，促进深圳生产性服务业与制造业互动发展，不必强调二者在特定区域的融合与集群式发展，而是应该加强二者在产业链上的融合，提升产业链综合功能和竞争能力。

3.6 本章小结

本章采用投入产出方法和空间统计分析方法，对深圳生产性服务业与各产业的融合及空间分布进行了经验研究，由此得出以下主要结论：

（1）2007—2012 年，深圳生产性服务业快速发展，在经济中的地位逐步上升，服务业的生产性服务功能日益凸显。但与国内先进水平北京相比，深圳生产性服务总体规模和占总产出的比重偏低；租赁商务服务业、运储邮政业、金融业及居民服务、修理和其他服务业的生产性服务比重很高，具有十分显著的生产性服务的功能；目前深圳生产性服务业结构高级化已达一定水平，金融业、租赁商务业等具较高知识与人力资本含量的生产性服务投入处相对优势地位，但科研技术服务的市场化水平有待提升；深圳生产性服务的六成投入第三产业，近四成投入第二产业，其第三产业占用生产性服务的比重与北京存有差距，但呈现出的动态发展趋势表明深圳生产性服务投入结构优化明显，与先进水平愈趋接近。

（2）基于服务投入率的产业融合分析表明，深圳的三次产业的生产性服务投入率都低于北京，表明深圳的服务经济发展水平不如北京。深圳第三产业的生产性服务投入率最高，说明服务业发展自身具有较强的增强效应，而服务业和生产性服务业促进第一、第二产业发展和升级的作用有待进一步加强；深圳第二产业仍然停留在依靠流通服务业的传统阶段，对信息服务业、科技服务业等知识和技术密集型生产性服务业的使用程度低；深圳生产性服务业与制造业融合发展并不深入，相对来看，制造业与服务业中的批发零售业、运储邮政业，租赁商务业及金融业融合程度更好。深圳资源型、劳动密集型、资本密集型和技术密集型制造业及增加值排名前四位的制造业部门对各类服务业的消耗和融合程度没有显著差异；深圳第三产业对生产性服务业的消耗使用较为均衡，服务业自身初步产生了产业关联体系。

（3）基于影响力和感应度系数的产业融合分析表明，深圳服务业与其他产业部门的前后向联系效应相对较弱，融合程度相对较低，服务业未能对经济中其他产业部门产生强大的拉动作用，受其他部门的需求拉动作用也不大，服务业发展具有较强的内部循环和自我增强作用。细分来看，服务业中的运储邮政业，租赁和商务服务业与制造业的互动融合较好。

（4）以通信计算机电子设备业与批发零售业为代表的空间分析显示，深圳生产性服务业与制造业空间分布的总体差异明显，二者营收空间分布均呈现显著的空间聚集性，但在空间分布格局上有较大差异，具有空间可分性。应加强产业链融合，促进二者互动发展。

第4章 深圳市制造业全要素生产率研究

4.1 引言

效率是衡量经济增长质量的重要维度，前文以全要素生产率增长率、劳动生产率、资本生产率、土地产出率四个宏观方面的指标为效率指标，进行了深圳经济增长质量的测度，这四个效率指标的数据显示，2000—2013 年深圳的宏观经济增长效率有长足进步。宏观效率的提升离不开微观主体效率的提升，本章转向微观企业层面，对深圳制造业全要素生产率进行测算和分析，以完整对深圳经济增长质量的研究。

近年来，因中国工业企业数据库开放给学界使用，关于微观企业层面中国工业全要素生产率测算和分析的研究如雨后春笋般涌现。比较权威的如李玉红等（2008）、Brandt 等（2009）、余淼杰（2010）、聂辉华等（2011）、鲁晓东、连玉君（2012）、聂辉华等（2012）、Brandt 等（2012）、毛其淋等（2013）和杨汝岱（2015）等，他们利用中国工业企业数据库计算企业层面全要素生产率，并基于计算结果进行诸如中国工业或制造业企业全要素生产率的动态演化变迁、资源误置及资源配置效率、贸易自由化对制造业企业生产率的影响、所有制改革与资源配置效率等方面研究。本章在以上研究特别是杨汝岱（2015）研究的基础上，运用 2005—2014 年深圳规模以上工业企业数据，从构建面板数据、资本变量、中间投入、直接材料消耗和劳动力变量处理、价格指数处理等方面全面规整深圳工业企业数据库，计算企业层面全要素生产率，分析深圳制造业资源误置情况，分解全要素生产率变动、解析深圳制造业效率动态变化，考察深圳企业所有制与全要素生产率的关系。

本章在构建面板数据、资本变量方面有所改进，如构建面板数据时增加了间隔三年及以上企业的匹配，投资额处理与 Brandtet. al（2012）、毛其淋等（2013）和杨汝岱（2015）不同，本年折旧处理与杨汝岱（2015）不同。研究发现，2009—2014 年深圳制造业 TFP 年平均增长 2.58%，高于同期中国 TFP 年均 1.31% 的增速；十年间深圳在位企业资源再配置效应略大于企业自身成长效应，近五年资源再配置效应进一步超过企业自身成长效应；深圳不同所有制制造业企业间确实存在着生产率水平差异，深圳国有及国有控股企业效率表现良好，优于外商及港澳台投资企业。

本章的其余结构安排如下。在第二部分，规整深圳工业企业数据库，构建面板数据，处理资本、中间投入、直接材料消耗、劳动力、价格指数等变量，介绍全要素生产率估算方法。第三部分计算深圳企业层面全要素生产率。第四部分是深圳制造业资源误置及效率动态变化情况。第五部分考察深圳企业不同所有制与全要素生产率的关系。最后是结论。

4.2　数据和方法

本章基础数据来源于 2005—2014 年国家统计局工业企业年度调查数

据中的深圳数据[①]，共包括67149个观测值，按照"法人代码"统计，计13959家企业。通过面板数据的构建处理，将9家法人码不同但确是同一家企业进行匹配后，深圳市这十年间共有13950家企业进入规上工业库中，平均每家企业在库年限为4.81期。表4-1对本章使用数据库企业样本的统计指标与历年《深圳统计年鉴》公布的数据指标进行比较，比较的指标包括企业数量、工业总产值、工业销售产值、工业增加值和资产总计等。除2008年各指标存在较大差异〔深圳统计年鉴（2009）报告的是2008年经普快报数据，后面有调整〕、2011—2014企业数（有些企业报送的各指标数据为0，因此未计算进本章企业数里面）及2009—2010年增加值有微小差异之外，其余指标统计数据完全一致。

表4-1　本章使用数据库统计指标与《深圳统计年鉴》数据的比较

年度	规上工业企业数		总产出（亿元）		销售产值（亿元）		增加值（亿元）		资产（亿元）	
	本章数据	统计局公布数	本章数据	统计局公布数	本章数据	统计局公布数	本章数据	统计局公布数	本章数据	统计局公布数
2005	5215	5215	9868	9868	9606	9606	2571	2572	6981	6981
2006	5129	5129	11929	11929	11499	11499	3087	3087	8326	8326
2007	6875	6875	13958	13958	13748	13748	3299	3299	9983	9983
2008	8929	7013	15493	15860	14945	15268	4114	3528	10831	10789
2009	8413	8413	15416	15416	14917	14917	3997	4014	12252	12252
2010	8249	8249	18527	18527	18181	18181	5002	5015	18132	18132
2011	5663	5692	20431	20431	20035	20035	5354	5359	17393	17393
2012	5829	5835	21364	21364	20893	20893	5998	—	18458	18458
2013	6505	6520	23095	23095	22297	22297	6422	—	20210	20210
2014	6342	6355	24778	24778	24132	24132	7290	—	23272	23272

数据来源：根据《中国工业企业数据库》深圳市数据计算；2006—2015年历年《深圳统计年鉴》。

---

①　该数据库的样本范围在1998年至2006年为全部国有工业法人企业以及年主营业务收入（产品销售收入）达到500万元及以上的非国有工业法人企业，2007年至2010年为年主营业务收入达到500万元及以上的工业法人企业，2011年后为年主营业务收入达到2000万元及以上的工业法人企业。

4.2.1　构建面板数据

本章构建面板数据的方法主要参考 Brandtet. al（2012）[①] 和杨汝岱（2015），分四步构建面板数据。

（1）连续两年之间的匹配

首先以"法人代码"为关键字将两年之间相同法人码的企业匹配起来；对未匹配上或者法人代码重复（即存在两个以上的同一法人代码）的，再以"企业名称"为关键字匹配；对仍未匹配上或者企业名称重复（即存在两个以上的同一企业名称）的，再以"法人代表姓名 + 地区（县）+ 企业成立年份 + 三位行业码"为关键字匹配；对仍未匹配上的，再以"地区（县）+ 企业成立年份 + 三位行业码 + 电话号码 + 所在街道 + 主要产品"为关键字匹配；将以上四步匹配上的和未匹配上的数据合并，形成连续两年的非平衡面板数据。本章在后两个匹配关键字的选择上与 Brandtet. al（2012）和杨汝岱（2015）不同，用他们的关键字进行匹配会把一些非同一家企业匹配成同一家企业。

（2）连续三年之间的匹配

连续三年之间的匹配主要有三个步骤，第一：将前两年已匹配企业和后两年已匹配企业利用中间年的"法人代码 + 收入 + 从业人员 + 利润"匹配起来，形成连续三年的平衡面板数据；第二：在第一步剩下的企业中，依次利用"法人代码"和"企业名称"将第一年和第三年的企业匹配起来，匹配出第一年在库、第二年不在库、第三年在库的同一家企业；第三：特殊情形处理。如第一年中在前两年属未匹配的 A 企业与第三年中在后两年已匹配的企业 C 匹配上了，则第一年中的 A 企业可与第三年

[①] 感谢 Brandtet. al 提供的企业匹配算法和 stata 程序，该程序可从 http：//www. econ. kuleuven. be/public/n07057/China/处下载，本章在他们的基础上做了修改。

中的企业 C，以及与企业 C 匹配的第二年中的企业 B 处理为同一企业。经以上三种处理，再和没有匹配上的合在一起，可以生成连续三年的非平衡面板数据。

（3）生成连续 9 年的非平衡面板数据

将（2）中生成的 8 个三年面板数据逐一合并形成 10 年的非平衡面板数据。以 2005—2006—2007 三年非平衡面板数据为基础，首先将 2006—2007—2008 三年非平衡面板数据中 2008 年的数据加入其中，接着将 2007—2008—2009 三年非平衡面板数据中 2009 年的数据加入，依类推到 2014 年，形成 2005—2014 年的 10 年非平衡面板数据。

（4）同一家企业前后均在库、但中间连续两年或两年以上不在库的调整

对经以上三步处理出来的面板数据结果发现，其记录数共 14342 家，大于用原始数据"法人代码"统计出的 13959 家，进一步检查发现，同一家企业在前面年份在库、接着连续两年或两年以上不在库、后面又在库的情形被处理成了两家企业，因此，对此进行调整，将这种情形的企业处理成一家企业，处理后的面板数据共 13950 家。Brandtet. al（2012）和杨汝岱（2015）未考虑此种情况。

基于这种方法得到的面板数据情况总结如表 4-2。企业新进库比重平均约 13.63%，退库比重平均约 11.85%[①]。其中 2007、2008 和 2013 年的进入比重较高，应该是普查年份调查力度增强将更多符合规上标准的企业纳入库中的缘故；2010 年退出比重较高，原因是 2011 年规上标准由 500 万提高到 2000 万，很多企业未达到规上标准而退库。

---

① 此处，某年新进库企业指该企业在 2005 年至此前一年未在库中出现；某年退库企业指该企业在此年后一直到 2014 年未在库中出现。进入率和退出率为新进库数和退库数比当年企业数。

表 4 - 2　面板数据整理说明（规上库为基础）

年度	企业数	新进库	退库	在位	进入率	退出率
2005	5215	—	459	—	—	8.80%
2006	5129	494	371	4302	9.63%	7.23%
2007	6875	2131	645	4315	31.00%	9.38%
2008	8929	2659	1022	5633	29.78%	11.45%
2009	8413	551	525	7368	6.55%	6.24%
2010	8249	336	2775	5265	4.07%	33.64%
2011	5663	448	468	4787	7.91%	8.26%
2012	5829	544	550	4788	9.33%	9.44%
2013	6505	1051	793	4801	16.16%	12.19%
2014	6342	521	—	—	8.22%	—

表 4 - 2 中企业进库和退库是以规上工业库自身为基础进行比对计算的，进一步将 2005—2012 年退出规上库的企业与 2013 年经普数据进行比对，如其还在经普数据里面，说明企业只是由规上转入规下，并未实际退出深圳市场，因此将其状态标识为存活。整理结果如表 4 - 3 所示，可见退出率明显降低，平均退出率为 6.76%，比单纯用规上库比对计算的退出率减少 5.09%。

表 4 - 3　面板数据整理说明（规上库和 2013 年经普库为基础）

年度	企业数	新进库	退库	在位	进入率	退出率
2005	5215	—	365	—	—	7.00%
2006	5129	494	305	4361	9.63%	5.95%
2007	6875	2131	444	4442	31.00%	6.46%
2008	8929	2659	625	5817	29.78%	7.00%
2009	8413	551	326	7558	6.55%	3.87%
2010	8249	336	756	7192	4.07%	9.16%

续表

年度	企业数	新进库	退库	在位	进入率	退出率
2011	5663	448	252	4980	7.91%	4.45%
2012	5829	544	276	5035	9.33%	4.73%
2013	6505	1051	793	4801	16.16%	12.19%
2014	6342	521	—	—	8.22%	—

数据来源：根据《中国工业企业数据库》深圳市数据和2013年深圳市经济普查数据计算。

经过面板数据构建过程之后，2005—2014 年共有 13950 家不同企业在库，表 4-4 列出了各在库期数的企业数量。在 2005—2014 年样本中，有 2010 家企业只有一期数据，占比 14.41%；有 1812 家企业每年都有记录，占比 12.99%。本数据集为典型的非平衡面板数据。

表 4-4　企业在库期数统计

在库期数	2005—2014 样本数	占比（%）
1	2010	14.41
2	2002	14.35
3	2049	14.69
4	1564	11.21
5	776	5.56
6	1289	9.24
7	1051	7.53
8	932	6.68
9	465	3.33
10	1812	12.99

数据来源：根据《中国工业企业数据库》深圳市数据计算。

4.2.2　资本变量处理

本章使用的深圳工业企业数据库报告了固定资产原价、固定资产合计、固定资产净值年平均额（2005—2008 年）、固定资产净值（2009，2010 年）、累计折旧、当年折旧（2008—2010 年非成本费用单位无数据）等有关固定资产的数据指标，各个指标间既有联系但也有较大区别，而且这些数据报告的都是账面价值（BookedValue），因而进行资本变量处理时应该解决好两个问题：一是选择合适的固定资产指标参与计算，二是处理账目价值到真实价值的转换。

历年国家统计局统计报表制度对以上指标均做了定义和解释①，进一步结合企业会计制度和实务来选择合适的固定资产指标衡量资本存量。"固定资产合计"和"固定资产净值"都可用来衡量资本存量，但资产负债表中"固定资产合计"为"固定资产净值 – 固定资产减值 + 工程物资 + 在建工程 + 固定资产清理"，其中在建工程和工程物资这两项内容属

---

① 国家统计局《一套表统计调查制度：2014 年统计年报和 2015 年定期统计报表》中对"固定资产原价"的解释是"指固定资产的成本，包括企业在购置、自行建造、安装、改建、扩建、技术改造某项固定资产时所发生的全部支出总额。根据会计'固定资产'科目的期末借方余额填报"，对"固定资产合计"的解释是"指企业为生产商品、提供劳务、出租或经营管理而持有的，使用寿命超过一个会计年度的有形资产。包括使用期限超过一年的房屋、建筑物、机器、机械、运输工具以及其他与生产、经营有关的设备、器具、工具等。固定资产合计是时点指标，表示固定资产经过扣减折旧、减值准备等后的期末余额。执行 2006 年《企业会计准则》或 2011 年《小企业会计准则》的企业，根据会计'资产负债表'中'固定资产'项目的期末余额数填报"，对"累计折旧"的解释为"指企业在报告期末提取的历年固定资产折旧累计数。根据会计'累计折旧'科目的期末贷方余额填报"，对"本年折旧"的解释是"指企业在报告期内提取的固定资产折旧合计数。可以根据会计'财务状况变动表'中'固定资产折旧'项的数值填报。若企业执行 2001 年《企业会计制度》，可以根据会计核算中《资产减值准备、投资及固定资产情况表》内'当年计提的固定资产折旧总额'项本年增加数填报"。国家统计局《2010 年工业统计报表制度》对"固定资产净值"的解释是"固定资产净值指固定资产原价减去累计折旧后的净额"。国家统计局《2007 年工业统计报表制度》对"固定资产净值年平均额"的解释是"固定资产净值指固定资产原价减去累计折旧后的净额。其平均余额指报告期内余额的平均数"。

未完工项目，并未计入会计科目"固定资产"中，也未在生产中发挥作用，因此，"固定资产净值"较"固定资产合计"是更为合适的资本存量指标。关于投资指标，Brandtet. al（2012）、毛其淋等（2013）和杨汝岱（2015）将两年固定资产原价相减定义为投资额，而根据永续盘存法，$K_{t+1} = K_t + I_{t+1} - D_{t+1}$，可得 $K_{t+1} - K_t = I_{t+1} - D_{t+1}$，（$K$，$I$，$D$ 分别表示资本存量，投资额和折旧额，$I - D$ 是净投资），如果资本存量用固定资产净值，则当年净投资应为当年固定资产净值减上年固定资产净值。从企业会计制度和实务的角度看，这种处理符合严谨的会计处理逻辑①。

表4-5　资产处理示例表

资产项目	上年			本年			
	固定资产原价	累计折旧	固定资产净值	固定资产原价	累计折旧	本年折旧	固定资产净值
资产A	500	490	10	–	–	10	–
资产B	500	100	400	500	150	50	350
资产C	–	–	–	500	10	10	490
总计	1000	590	410	1000	160	70	840

关于账目价值到真实价值的转换处理，本章遵循 Brandtet. al（2012）和杨汝岱（2015）的基本思路，但处理方法上因资本存量选择不同而有不同。杨汝岱（2015）认为，生产函数中关心的是资本真实价值而非账目价值。如果不将账目价值转换为真实价值，将导致企业的纵向和横向

---

①　如表所示，上年有两笔固定资产 A、B 原价总计为 1000 万元，累计折旧（期末贷方余额）590 万元；本年资产 A 报废处理，又新购 500 万元的固定资产 C，期末固定资产 B、C 原价总计为 1000 万元，累计折旧（期末贷方余额）160 万元，本年折旧 70 万元。如按两年固定资产原价相减得投资额来处理，本年的投资额为 0 元，这与当年投资 500 万元的事实不符。如用本章的处理，两年固定资产净值相减得当年净投资 430 万元，再加上当年折旧 70 万元即为当年投资 500 万元。

之间不可比较，因此应对固定资产名义值进行价格缩减，基于账面价值
的数据推算出真实价值。由于固定资产原价或净值的数据是前面各不同
年份资产购买量的总和，但各年份资产购买量的具体数据无法获知，变
通的处理方式为：对于面板数据中第二次或之后出现的样本，将本期固
定资产净值减去上期固定资产净值得到当期固定资产净投资，然后利用
固定资产投资价格指数进行缩减；对于面板数据中第一次出现的样本，
首先确定该企业的初始年份（初始年份的确定见下文），然后基于固定资
产净值数据推算初始年份至首次进入样本年份之间历年固定资产净投资
名义值，再基于企业初始年份资本存量和初始年份至首次进入样本年份
之间历年固定资产净投资名义值，逐年根据永续盘存法推算企业进入样
本年份的真实物质资本存量。

　　第一步，基于固定资产净值数据推算初始年份至首次进入样本年份
之间历年固定资产净投资名义值。基本假设是企业固定资产净值增长率
等于其所在两位数行业企业平均固定资产净值的增长率。根据 1992—
2006 年《广东统计年鉴》中 1991—2005 年的各两位数行业固定资产净值
（或年平均余额）及各两位数行业企业单位数数据，可计算出 1992—2005
年各两位数行业企业平均固定资产净值的年增长率，利用本章使用的数
据库数据可计算出 2006—2014 年各两位数行业企业平均固定资产净值的
年增长率。利用该增长率数据、企业进入样本年份及该年份固定资产净
值数据、初始年份可以计算出初始年份至样本年份间各年固定资产净值
及净投资额。具体公式为（省略行业下标）：$fa_t = fa_s \Pi_{i=s}^{t} (1 + v_i)$，其中
fa_t 为企业进入样本年份（时期 t）的固定资产净值数据，fa_s 为企业初始
年份（时期 s）的固定资产净值数据，v_i 为时期 i 的企业固定资产净值年
增长率。fa_t 来自本数据库企业数据，v_i 来自前面由广东统计年鉴数据和
深圳数据计算出的两位数行业中企业平均固定资产净值的年增长率数据，
由此可计算出 fa_s 和各年固定资产净值的数据，进一步由两年间固定资产

净值相减计算出历年净投资名义值。

第二步，基于企业初始年份资本存量和初始年份至首次进入样本年份之间历年固定资产净投资名义值，逐年根据永续盘存法推算企业进入样本年份的真实物质资本存量。利用 $fa_t = fa_s \prod_{i=s}^{t} (1 + v_i)$ 公式，将 fa_t 设为企业进入样本年份（时期 t）的固定资产原价数据，可计算出企业初始年份的固定资产原价 fa_s，将其作为企业初始年份的资本存量，用投资平减指数计算出真实值，根据永续盘存法，$K_{t+1} = K_t + I_{t+1} - D_{t+1}$，用投资平减指数去除上一步计算出的净投资数据得到其实际值，则初始年份后一年的真实资本存量由此计算得出。后序年份逐年依此运算，直到计算出企业进入样本年份的真实资本存量。企业进入样本年份的投资真实值则用实际净投资额加该年折旧真实值计算出。

第三步，基于初始年份资本存量计算首次进入样本后历年真实投资和资本存量。先基于固定资产净值数据计算当年名义净投资，名义净投资＝本年固定资产净值－上年固定资产净值，再计算实际净投资（名义净投资/投资平减指数）和真实资本存量（本年真实资本存量＝上年真实资本存量＋实际净投资），本年实际投资＝实际净投资＋当年折旧真实值。

初始年份的确定。要估算企业首次进入样本年份的真实资本存量，需要确定其资产存量构成中以往各年度的资产量，然后分期对其平减最后加总得到。各年度中的最早一期也就是初始年份的确定显得尤为重要。一般来说，企业开业时新购第一笔资产，以后逐年添置资产，所以企业进入样本年份资本存量应包括了从开业至此的各年度资产量，初始年份的最优选择应该是企业的开业年份。但企业的发展历程中，资产新陈代谢是一种常态，特别是近年来，随着科技进步各种机器设备不断推陈出新，政府亦出台完善固定资产加速折旧政策，促进企业技术改造，企业固定资产的更新换代频率比以往更快，对于有较长经营历史的企业来说，企业现存资产中可能已少有开业年份资产的影子。这种情况下，不适合将初始年份定为企业开业年份，应确定为更为合宜的年份。本章将初始年份定为企业进入样本年份的前 14 年①，如果企业开工年份比这个年份晚，则将初始年份定为企业开工年份。本章使用的数据库中，企业开业时间数据有 5 个异常值样本，比如开工年份为 1900 年、开工年份晚于调查年份、缺少开业时间等，不过这 5 个异常值样本都发生在该企业首次进入样本年份之后，不影响企业初始年份的确定。

关于行业分类。本章使用的数据库时间跨度是 2005—2014 年，期间经历了 2011 年国民经济行业分类标准的切换，2011 年及其之前的年份为 GB/T4754—2002，2012 年及其之后年份为 GB/T4754—2011。根据《2011 国民经济行业分类注释》中附录三"国民经济行业分类新旧类目对照表"，本章将 2011GB 四位数行业分类对应到 2002GB 行业分类中。对应的原则是由紧到松，先对应到 2002GB 行业小类（四位数行业），如不能则对应到行业中类（三位数行业），以上都不行则对应到行业大类（两位数行业）。在对照表中，2011 年四位数行业分类对 2002 年的对应关系有一对一和一对多两种。属一一对应关系的，直接可将 2011GB 四位数行业分类对应到 2002GB 行业小类；一对多的情况下，如果 2002 年这多个属同一个行业中类，则将 2011GB 四位数行业分类对应到这个 2002GB 行业中类，如果 2002 年这多个不属同一个行业中类，但属同一个行业大类，则将 2011GB 四位数行业分类对应到这个 2002GB 行业大类。最后还

---

① 《中华人民共和国企业所得税法实施条例》规定了固定资产计算折旧最低年限，"房屋、建筑物"类为 20 年，"飞机、火车、轮船、机器、机械和其他生产设备"类为 10 年，"与生产经营活动有关的器具、工具、家具等"类为 5 年，"飞机、火车、轮船以外的运输工具"类为 4 年，"电子设备"类为 3 年，如有某个企业固定资产这五项的比例结构，就可计算出该企业固定资产折旧完成的最低年限。利用国泰安 CSMAR 中国上市公司财务报表附注数据库中各公司长期资产中固定资产净值期末数据，对 2005 年从事工业的 222 家上市公司分 37 个 2 位数行业汇总整理了其固定资产五大类项目的构成比例，以此为权重计算出各行业固定资产折旧完成的平均年限，整个工业的折旧完成平均最低年限为 13.37 年。

剩下少量未对应上的情况，即 2002 年这多个不属同一个行业大类，但其中多数属同一行业大类，则将 2011GB 四位数行业分类对应到这个 2002GB 行业大类。

固定资产相关指标（原价、净值和折旧）缺失值和异常值的问题。在本章使用数据库中，有少量样本的固定资产数据存在问题，如固定资产净值为零或负，固定资产原价为零或负，有企业在连续三年时间内固定资产净值或原价数据存在骤增骤降①或骤降骤增②的情况，有极个别企业累计折旧小于当年折旧，2005—2007 年个别企业、2011—2014 年少量企业当年折旧数据为零或负值，2005—2007 年个别企业、2008—2014 年少量企业累计折旧数据为零或负值，以上情况都视之为异常值样本。2008—2010 年非成本费用单位③没有调查当年折旧数据。

首先对 2008—2010 年非成本费用单位当年折旧数据缺失情况作出处理。杨汝岱（2015）对于当年折旧缺失的样本，使用（当年累计折旧 － 上年累计折旧）替换，这种处理不符合严谨的会计处理逻辑④。本章的处理为，用全样本数据（固定资产原价和当年折旧大于 0）计算以"行业 ＋ 企业年龄"分类的当年折旧比（当年折旧/固定资产原价），将此当年折旧比按"行业 ＋ 企业年龄"分类匹配到 2008—2010 各非成本费用单位，与固定资产原价相乘，记为企业当年折旧。

本章对固定资产异常值样本以及固定资产净值或原价小于等于 5000 元的样本做剔除处理，形成删除固定资产异常值后的样本数据进行全要

---

① 同一企业三年均在库，中间年份的固定资产净值或原价分别是前一年、后一年的 3 倍以上（而产出不大于前一年，后一年的 2 倍）。

② 同一企业三年均在库，中间年份的固定资产净值或原价分别是前一年、后一年的 1/3 以下（而产出不小于前一年，后一年的 1/2）。

③ 规上工业统计调查企业样本分成本费用单位和非成本费用单位两类，成本费用单位需详细全面调查企业的成本费用各细项情况，非成本费用单位仅需调查企业财务状况。

④ 以表 4 - 5 资产处理示例表为例，当年累计折旧 160 万元减上年累计折旧 590 万元，为 - 430 万元，与当年折旧 70 万元不等。

素生产率计算，这种删除处理避免了奇异值参与计算导致误差的情况。另外，本章也采用了调整修正的方式对固定资产异常值进行处理，这样可最大限度保全样本①，可作稳健性分析之用。

4.2.3 中间投入、直接材料消耗和劳动力变量处理

本章使用的数据库中，只有2005和2006年有工业中间投入数据。本章对2007—2014年企业中间投入用"工业中间投入＝工业总产值－工业增加值（生产法）＋本期应交增值税"计算得到。

本章使用的数据库中，2005—2007年全部企业、2008—2014年成本费用单位企业有直接材料消耗数据，2008—2014年非成本费用单位企业缺失直接材料消耗数据。对各年非成本费用单位缺失数据利用当年成本费用单位数据汇总出各行业直接材料与主营业务成本（2008—2010）或业务成本（2011—2014）比例计算而得。另外对少量直接材料消耗为零或负的样本，或直接删除形成删除处理的样本库，或利用行业直接材料与主营业务成本（2008—2010）或业务成本（2011—2014）比例进行修正形成调整修正的样本库。

---

① 对于固定资产原价为零或负的情况，本章的处理是，如其前后两年均有正值，则将其用前后两年值的平均值替代。如其前或后不在样本中，则先往更前看，用在样本中离其最近一年的正常值乘以行业单位企业固定资产原价增长率（考虑时间间隔）替代，如前面年份均不在样本中，则往后看，用在样本中离其最近一年的正常值除以行业单位企业固定资产原价增长率（考虑时间间隔）替代。这样还不能处理的，说明其只在该年份存在样本中，或其他年份的值也为零或负，对该样本做删除处理。本章对原价不大于1万的情况也做相同处理。对2005—2007年、2011—2014年当年折旧数据和2005—2014年累计折旧数据异常值的处理为，用全样本数据（删除资产各异常值后）计算出以"行业＋企业年龄"分类的当年折旧比（当年折旧/固定资产原价）和累计折旧比（累计折旧/固定资产原价），将其按"行业＋企业年龄"分类匹配到折旧异常企业，分别与固定资产原价相乘，记为企业当年折旧和累计折旧。对固定资产原价和净值数据在连续三年时间内骤增骤降或骤降骤增的处理为，如在10年内该企业出现2次或以上这种情况，直接将该企业的全部样本作删除处理，其他只出现1次的则用前后两年值的平均值替代中间年份的资产原价或净值。另外对固定资产原价小于固定资产合计这种不符常理的情况也作了调整。在以上涉及固定资产原价或累计折旧调整的，对固定资产净值也相应调整。

劳动力投入采用全部从业人员年平均人数指标。对少量从业人员小于 8 的样本，或直接删除形成删除处理的样本库，或用企业前后两年从业人员数平均值替换，或用行业从业人员与总产出比例进行修正，或用企业自身前后年份从业人员与总产出比例进行修正，形成调整修正的样本库。

价格指数处理。

投资平减指数。需要计算 1991—2014 年的投资平减指数，计算用的基础数据 1991—2000 年来自国家统计局公布的全国固定资产投资价格指数（上年 = 100），2001—2008 年来自《广东统计年鉴》公布的广东省固定资产投资价格指数（上年 = 100），2009—2014 年来自深圳调查队深圳市固定资产投资价格指数（上年 = 100）。

产出平减指数（年度两位数行业分类指数）。需要计算 2006—2014 年的工业分行业产出平减指数，计算用的基础数据来自深圳调查队 2006—2014 年深圳市两位数分行业工业生产者出厂价格指数（上年 = 100）[1]，计算出以 2005 年为基的产出平减指数（2005 年 = 100）。

投入平减指数（年度两位数行业分类指数）。工业各分行业的中间投入来自国民经济各行业部门，将这些行业部门产出价格指数（上年 = 100）[2]

---

① 考虑 2011 年行业分类的变动，为保证 2011 年前后行业价格指数口径一致，将 2012、2013、2014 年各年铁路、船舶、航空航天和其他运输设备制造业产出价格指数和汽车制造业产出价格指数经总产出加权得到交通运输设备制造业产出价格指数，将专用设备制造业产出价格指数和金属制品、机械和设备修理业产出价格指数经总产出加权得到专用设备制造业产出价格指数。

② 各工业部门的产出价格指数利用深圳市两位数分行业工业生产者出厂价格指数（上年 = 100）经分行业总产出加权而得，农业、建筑业、交通运输、仓储和邮政业、房地产业、公共管理、社会保障和社会组织业等部门的产出价格指数使用该部门的 GDP 平减指数，批发和零售业用商品零售价格指数缩减，住宿和餐饮业用（商品零售价格指数 + 在外用餐价格指数）/2 缩减，金融业用（居民消费价格指数 + 固定资产投资价格指数）/2 缩减，信息传输、软件和信息技术服务业、租赁和商务服务业、科学研究和技术服务业、水利、环境和公共设施管理业、居民服务、修理和其他服务业用服务项目价格指数缩减，教育业用教育服务价格指数缩减，卫生和社会工作用医疗保健价格指数缩减，文化、体育和娱乐业用文化娱乐价格指数缩减。

加权汇总即可得该行业中间投入的价格指数。以 2007 年深圳市投入产出（IO）表 42 部门（包括 1 个农业部门、24 个工业二位数行业部门、1 个建筑业部门、16 个服务产业部门）基本流量表以及 2012 年深圳市投入产出表 42 部门[①]基本流量表为基础，计算工业各部门中间投入中各来源部门的权重。2007 年投入产出表计算的权重用于 2006—2009 年各年投入平减指数计算，2012 年的用于 2010—2014 年计算。将某部门中间投入中 42 个来源部门当年产出价格指数加权汇总，得到该部门的投入价格指数（上年 = 100），最后用各年的投入价格指数（上年 = 100）计算出以 2005 年为基的投入平减指数（2005 年 = 100）。

直接材料消耗平减指数（年度两位数行业分类指数）。工业各分行业的直接材料消耗来自国民经济农业和工业各行业部门，将这些行业部门产出价格指数（上年 = 100）加权汇总即可得该行业直接材料消耗的价格指数，构建方法同投入平减指数。

4.2.4　企业层面全要素生产率计算方法

全要素生产率（TFP）一般被解释为总产出中不能由要素投入所解释的"剩余"，反映了生产过程中各种投入要素转化为最终产出的总体效率。对 TFP 的测算从估计生产函数开始。假设生产函数为 C – D 生产函数，如下式：

$$Y_{it} = A_{it} L_{it}^{\alpha} K_{it}^{\beta} \qquad \text{式 4 – 1}$$

Y_{it} 代表产出，L_{it} 和 K_{it} 分别代表劳动投入和资本投入，A_{it} 就是全要素生产率（TFP）。对式 4 – 1 取对数，转化为如下形式：

$$y_{it} = \alpha l_{it} + \beta k_{it} + \mu_{it} \qquad \text{式 4 – 2}$$

---

① 考虑 2011 年行业分类的变动，为保证 2011 年前后行业部门口径一致，对 2012 年投入产出表略有调整，金属制品、机械和设备修理服务部门并入专用设备部门。

y_{it}、l_{it} 和 k_{it} 分别是产出、劳动和资本投入的对数形式，α、β 分别表示劳动和资本弹性，μ_{it} 为残差项包含了企业全要素生产率对数形式的信息。以式 4 - 2 为基础估算资本和劳动弹性，估计出 TFP，如下式所示：

$$ftp_{it} = y_{it} - \hat{\alpha}_{it} - \hat{\beta}k_{it} \qquad \text{式 4 - 3}$$

使用简单线性估计方法对式 4 - 2 估计资本和劳动弹性时，会产生因联立性（simultaneity）和选择性偏误（selectionbias）带来的内生性问题。企业在做生产决策时，会根据市场以及当期观测到的部分效率情况，选择资本和劳动投入，此部分效率（当期被观测部分）已影响到要素投入的选择，此时如还将误差项代表 TFP，则残差项与回归项相关，使得 OLS 估计结果产生偏误，这就是式 4 - 2 中因联立性或决策同时性带来的内生性问题。另一个内生性问题是样本选择性偏误，面对低生产率水平冲击时，规模大小不同的企业反应不一，小企业更易退出市场，而大企业更能承受较低的生产率水平，这种退出机制的差异会引起样本选择问题，导致 OLS 估计有偏。

针对联立性和选择性偏误带来的内生性问题，研究者提出了不同的改进方法，目前常用的有 OP 法[①] 和 LP 法[②]。OP 法假定企业依据当前企业生产率状况做投资决策，用企业的当期投资作为不可观测生产率冲击的代理变量，从而解决了联立性问题，同时考虑了企业的退出决策并借助 Heckman 两步法来修正选择性偏误问题。OP 法的不足之处在于，不管是中国工业企业数据还是其他国家如智利、哥伦比亚和墨西哥等国的企业层面数据，约四分之一的观测值存在零投资和负投资的情况，而以当期投资作为不可观测生产率的代理变量时投资要满足非负条件，全要素生产率估计需舍弃掉这些不满足条件观测值，造成数据截断问题。LP 方

① Olley, S., and A. Pakes, 1996, "The dynamics of productivity in the telecommunications equipment industry", Econometrica, 64 (6): 1263 - 1297.

② Levinsohn, J., and A. Petrin, 2003, "Estimating production functions using inputs to control forunobservables", Review of Economic Studies, 70 (2): 317 - 341.

法认为中间投入变化可以更为灵敏的表征企业面对生产率冲击时的反应，因此将中间投入变量代替 OP 法中的当期投资变量作为代理变量，以此解决联立性问题，同时中间投入变量没有大量负或零的情况，避免了使用 OP 法导致的数据截断问题。本章采用 LP 方法和 OP 方法计算全要素生产率，用 LP 计算结果作为报告结果。

4.3　深圳制造业全要素生产率计算结果

经过面板数据整理和固定资产异常值删除等处理过程，2005—2014 年共有 61095 个观测值，合 13610 家企业。将各变量（总产出、中间投入、直接材料消耗、工业增加值）缺失或为负值或为零值的观测值剔除，将从业人数缺失和小于 8 的观测值剔除，剔除后观测值个数为 59414，合 13485 家企业，其中制造业样本 58998 个，合 13416 家企业①。本章以制造业样本为数据基础，采用 LP 方法和 OP 方法计算企业 TFP，用 LP 计算结果作为报告结果，OP 计算结果②作稳健性分析。既用制造业全部样本做一个总体的估计，也考虑行业技术水平和生产模式相异情况，用分行业样本分别估算各行业③的资本和劳动系数，计算企业层面 TFP，报告用

① 另外，采用对面板数据异常值调整修正方式，对固定资产、劳动力等异常值修正处理后，2005—2014 年共有 66397 个观测值，合 13795 家企业，剔除总产出、中间投入、直接材料消耗、工业增加值四个变量缺失、为负值、为零值的样本。剔除后观测值个数为 64793，合 13748 家企业，其中制造业样本 64341 个，合 13681 家企业。

② OP 方法要估计生存概率模型，2014 年是样本库最后一年，无法获得退出信息，因此需被舍弃，只能计算 2005—2013 年企业 TFP。

③ 深圳以两位数行业分类的样本量除通信设备、计算机及其他电子设备制造业，电气机械及器材制造业等少数行业样本量足够进行 OP 和 LP 外，其他两位数行业的样本量不足，将样本量不足的两位数行业进一步归类为更粗一级的工业部门，如食品行业、纺织缝纫及皮革行业、森林行业、造纸及文教用品行业、化学行业、冶金行业等。

分行业计算的结果（下文中如无特别指出，均以此结果为准）。

4.3.1 深圳制造业整体全要素生产率

制造业整体 TFP 以企业层面 TFP 为基础计算，一般由企业层面 TFP 直接加权得到整体的 TFP，以工业总产值或从业人数或工业增加值份额作权重。本章分别按工业总产值、从业人数、工业增加值为权重以及简单平均计算制造业年度整体 TFP，结果如表 4-6 和图 4-1 所示。

表 4-6 深圳制造业全要素生产率（2005—2014）

年份	工业增加值加权		从业人数加权		工业总产值加权		简单平均	
	TFP	增速	TFP	增速	TFP	增速	TFP	增速
2005	5.49	–	4.17	–	5.10	–	3.84	–
2006	5.59	1.83%	4.32	3.79%	5.19	1.81%	3.92	2.08%
2007	5.43	-2.85%	4.31	-0.34%	5.04	-2.93%	3.97	1.24%
2008	5.44	0.10%	4.51	4.65%	5.35	6.10%	4.19	5.52%
2009	5.74	5.56%	4.44	-1.49%	5.20	-2.71%	4.04	-3.47%
2010	5.76	0.27%	4.70	5.70%	5.30	1.95%	4.25	4.95%
2011	5.93	3.03%	4.81	2.47%	5.50	3.72%	4.54	6.97%
2012	6.24	5.17%	5.13	6.67%	5.76	4.66%	4.63	1.93%
2013	6.35	1.79%	5.13	-0.15%	5.81	0.93%	4.67	0.95%
2014	6.52	2.69%	5.28	2.97%	6.00	3.25%	4.79	2.59%
平均增速	1.93%		2.66%		1.82%		2.49%	
09-14 增速	2.58%		3.50%		2.89%		3.46%	

以工业增加值作为权重计算的整体 TFP 作为基准来分析深圳制造业 TFP 的变化趋势。从 2005 年到 2014 年，除 2007 年 TFP 下降外，其他年度均是正增长，从 5.49 增长到 6.52，年均增长速度为 1.93%，略低于

Penn World Table9.0 数据①计算的同期中国 TFP 年均增速 2.32%。但 2009—2014 年深圳制造业 TFP 年平均增长 2.58%，比 2005—2008 年有较大提高，且远远高于同期中国 TFP 年均 1.31% 的增速。

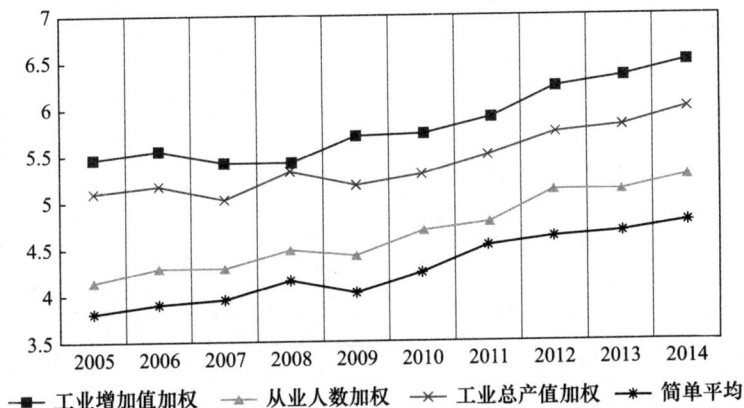

图 4-1　深圳市制造业整体 TFP 变化（2005—2014）

4.3.2　深圳通信计算机电子设备业全要素生产率

以华为、中兴为代表的通信计算机电子设备制造业是深圳制造业最重要板块，本节报告该行业的全要素生产率情况。如表 4-7 和图 4-2 所示，从工业增加值权重的 TFP 结果看，2005—2014 年，通信计算机电子设备制造业 TFP 年均增长速度为 1.77%，2009—2014 年年均增长 2.14%，TFP 增速略低于深圳制造业全行业的增速，这也许与其 TFP 水平值高于全行业 TFP 水平值有关。2005 年，该行业 TFP 水平值为 5.72，比全行业高出 4.23%，到 2014 年，行业 TFP 水平值为 6.71，比全行业高出 2.84%。

---

① 见 http：//www. rug. nl/research/ggdc/data/pwt/pwt - 9. 0。

表4-7　深圳通信计算机电子设备制造业全要素生产率（2005—2014）

年份	工业增加值加权		从业人数加权		工业总产值加权		简单平均	
	TFP	增速	TFP	增速	TFP	增速	TFP	增速
2005	5.72	—	4.28	—	5.28	—	3.38	—
2006	5.82	1.72%	4.47	4.55%	5.35	1.23%	3.52	3.99%
2007	5.48	-5.95%	4.27	-4.58%	5.11	-4.49%	3.55	0.97%
2008	5.54	1.23%	4.43	3.76%	5.41	5.92%	3.61	1.71%
2009	6.03	8.80%	4.42	-0.12%	5.35	-1.14%	3.46	-4.15%
2010	5.92	-1.93%	4.67	5.57%	5.35	0.05%	3.73	7.53%
2011	6.02	1.85%	4.75	1.86%	5.55	3.73%	4.08	9.49%
2012	6.41	6.44%	5.27	10.86%	5.89	6.21%	4.36	6.78%
2013	6.58	2.55%	5.28	0.13%	5.98	1.43%	4.49	3.08%
2014	6.71	1.98%	5.41	2.57%	6.16	3.00%	4.60	2.53%
平均增速	1.77%		2.65%		1.72%		3.48%	
09-14 增速	2.14%		4.13%		2.86%		5.85%	

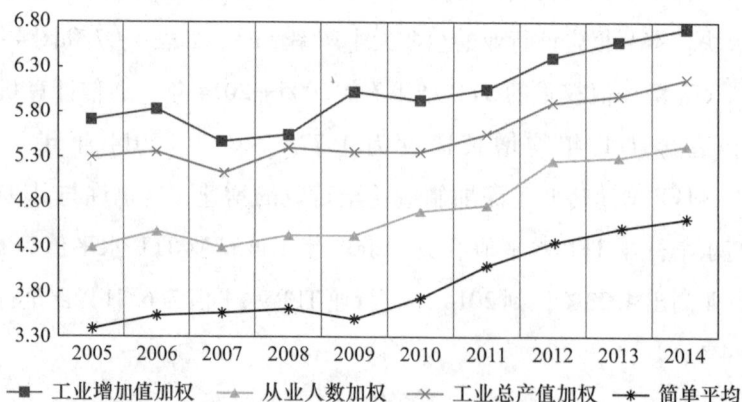

图4-2　深圳市通信计算机电子设备制造业 TFP 变化（2005—2014）

4.4　深圳制造业资源误置及效率动态变化

4.4.1　深圳制造业资源误置

HsiehandKlenow（2009）认为，在不存在任何扭曲的理想条件下，资源的自由流动导致低生产率企业被高生产率企业兼并或者挤出市场，市场上所有企业的生产率趋于相等。而在现实经济条件下，企业之间总存在着生产率高低之分。各企业间的生产率差异越大，表明距离理想资源配置状态越远，资源误置的程度越严重。资源误置的程度一般用离散度指标来刻画，可用九十分位企业的 TFP 与十分位企业的 TFP 之比、样本范围内 TFP 的标准差衡量 TFP 离散程度。本章在2005—2014 年深圳制造业企业 TFP 的基础上，计算出各年度的 TFP 离散度，如表 4 - 8 所示。

表 4 - 8　深圳制造业分年度 TFP 离散度和 OP 协方差

年度	TFP 均值	90/10	标准差	企业数目	OP 协方差
2005	3.84	2.14	1.15	4936	0.32
2006	3.92	2.09	1.17	4854	0.40
2007	3.97	2.00	1.11	6428	0.34
2008	4.19	1.91	1.07	8176	0.32
2009	4.04	1.98	1.08	7414	0.40
2010	4.25	1.86	1.05	7275	0.45
2011	4.54	1.78	1.08	4760	0.27
2012	4.63	1.74	1.05	4388	0.50
2013	4.67	1.78	1.09	5384	0.45
2014	4.79	1.76	1.11	5301	0.48

表 4 - 8 显示，2005 年 90% 分位 TFP 值是 10% 分位 TFP 值的 2.14 倍，说明有 10% 的企业其效率不如另外 10% 企业的一半，企业间的生产率存在比较显著的差异，从这个角度看，深圳制造业存在较明显的资源误置。但从纵向对比看，深圳制造业 TFP90/10 的比值从 2005 年的 2.14 下降到 2014 年 1.76，TFP 离散度总体呈减少态势，总体降幅达 17%。与此同时，TFP 标准差从 2005 年 1.15 降至 2012 年的 1.05，但近两年又有回升。同期，TFP 均值除 2009 年有所下降外，其他年份均逐年增加，年均增长 2.49%。这表明，随着时间的推移，深圳制造业资源误置现象得以减轻，生产率总体上升。

Olley 和 Pakes（1996）提出的生产率分解可作为另一度量资源误置的方法。如公式所示：

$$\Phi_t = \sum_i s_{it}\varphi_{it} = \overline{\varphi}_t + \sum_i (s_{it} - \overline{s}_t)(\varphi_{it} - \overline{\varphi}_t) = \overline{\varphi}_t + cov(s_{it}, \varphi_{it})$$

式 4 - 4

s_{it} 指企业的市场份额，φ_{it} 是企业的生产率，$\overline{\varphi}_t = \dfrac{1}{n_t}\sum_{i=1}^{n_t}\varphi_{it}$ 是整体的简单平均生产率，$\overline{S}_t = 1/n_t$ 指平均市场份额，Φ_t 是据企业市场份额加权汇总的行业整体生产率。$cov(s_{it}, \varphi_{it})$ 是企业市场份额与生产率的 OP 协方差，用于度量企业的市场份额是否与生产率成比例增长，其背后的经济学逻辑是，如果高生产率的企业在市场上拥有更多的资源，则表明资源得到优化配置。OP 协方差越高，资源配置优化程度越高，反之，说明资源重置效应越差，资源误置越严重。当 OP 协方差为 0 时，说明生产率高的企业未获得与其生产率相匹配的资源。本章以年从业平均人数作为企业份额的权重计算了 2005—2014 年深圳制造业的 OP 协方差，见表 4 - 8。2005—2014 年，深圳制造业的 OP 协方差从 0.32 增至 0.48，年均增长 4.6%，说明从动态的角度看，深圳制造业内部的资源重置优化程度逐渐提升，也对同期生产率的增长发挥了显著的正面效应。

进一步计算深圳制造业 28 个两位数行业的 OP 协方差，详细考察深圳制造业的资源误置情况（见表 4 - 9）。总体上看，只有两个行业的资源配置效果为负，其他 26 个均为正，说明深圳制造业的资源配置总体上较具效率。行业内部资源配置效果最好的是通信计算机电子设备制造业，其次是交通运输设备制造业，再是医药制造业，而最差的是木材加工及木、竹、藤、棕、草制品业和废弃资源和废旧材料回收加工。行业间 OP 协方差形成这种较大差别，很可能是因为前者行业集中度较高，资源向高生产率企业集聚，得以实现有效整合，而后者资源分散，缺乏有效整合（聂辉华等，2011）。

表 4 - 9　深圳分两位数行业制造业 OP 协方差

行业	协方差	行业	协方差
木材加工及木、竹、藤、棕、草制品业	- 0.066	纺织业	0.372
废弃资源和废旧材料回收加工业	- 0.058	造纸及纸制品业	0.391
食品制造业	0.052	化学原料及化学制品制造业	0.393
纺织服装、鞋、帽制造业	0.068	专用设备制造业	0.428
工艺品及其他制造业	0.133	印刷业和记录媒介的复制	0.429
农副食品加工业	0.198	饮料制造业	0.437
黑色金属冶炼及压延加工业	0.259	有色金属冶炼及压延加工业	0.492
家具制造业	0.263	橡胶制品业	0.502
通用设备制造业	0.27	金属制品业	0.528
文教体育用品制造业	0.314	塑料制品业	0.565
仪器仪表及文化、办公用机械制造业	0.321	非金属矿物制品业	0.707

行业	协方差	行业	协方差
化学纤维制造业	0.328	医药制造业	0.752
电气机械及器材制造业	0.354	交通运输设备制造业	0.764
皮革、毛皮、羽毛（绒）及其制品业	0.371	通信计算机电子设备制造业	0.910

4.4.2 制造业效率动态变化

上一节的计算表明，从 2005 年到 2014 年，深圳制造业 TFP 年均增长速度为 1.93%，而 2009—2014 年深圳制造业 TFP 年平均增长 2.58%。整体生产率水平的提升既可以来源于绝对的技术进步，也可以来源于资源配置效率的改善。值得注意的是，绝对的技术进步存在"天花板"现象，技术进步到一定程度时，其提升的空间会越来越小。如 PennWorld-Table9.0 数据显示，发达国家 TFP 增长速度一般都比较低，2000—2014 年美国 TFP 平均增速为 0.64%，低于同期中国 2.96% 的增长率水平。不过正如中国 2000—2014 年年均 2.96%、2005—2014 年年均 2.32% 和 2009—2014 年年均 1.31% 增长率这种阶梯下降趋势显示的那样，因技术上的后发优势，发展中国家 TFP 可能会有较高增长，但也会面对提升空间越来越狭窄的困局，随着经济发展水平和技术水平的提高而 TFP 增速会下降，此时资源配置效率的提升就对 TFP 提升起至关重要的作用。资源由低效率企业流向高效率企业，即使企业本身绝对技术进步没有提升，而整体生产率同样可以不断提高。从计算结果看，2005—2014 年间，以世界金融危机为分水岭，此前深圳制造业 TFP 增长率水平不高，2009 年后则明显提高。深圳制造业 TFP 增长率水平的这种变化中，企业的绝对技术进步所起的作用如何，资源配置效率变化的作用又如何？本部分从企业成长和资源配置效率变化两个角度来考察深圳制造业 TFP 变化问题。

如公式 4 - 4 所示，整体生产率是由各企业生产率经企业市场份额加权汇总而得的。整体生产率的年度变化不仅是个体企业生产率变化的反映，也是企业间市场份额再分配的结果。市场份额的变化既有在位企业之间的份额变动，也包括了企业进入与退出带来的变动。为了测算出企业成长和资源配置对整体生产率的影响，学术界提出了几种对整体生产率变化进行分解的方法，目前较通用的有四种，分别是 Baily 等（1992）提出的 BHC 分解、Griliches 等（1995）提出的 GR 分解、Foster 等（2001）提出的 FHK 分解以及 Melitz 等（2013）提出的 MP 分解。BHC 分解首次将生产率的变化分成四个部分：在位企业内部生产率分布变化（within - firm）、在位企业内部市场份额的变化（between - firm）、进入企业生产率变化（enter）和退出企业生产率的变化（exit），后三种分解都是基于 BHC 分解的思路进行的改进。GR 分解在 BHC 分解的基础上剔除由于忽略年度平均生产率而导致的误差。FHK 分解在上面两个模型的基础上将市场资源配置从企业生产率提升中分离出来。MP 分解在总结前三种方法的基础上，对 OP 方法进行修改，得到了动态的 OP 分解方法。本章主要基于 MP 分解对全要素生产率进行分解。

MP 方法将整个行业整体生产率在前后两年间的变动当作在位企业组（S）、进入企业组（E）和退出企业组（X）市场份额及生产率的函数。将第一期所有企业分为在位企业组及退出企业组，第二期所有企业分为在位企业组和进入企业组，则两期的整体生产率可写为：

$$\Phi_1 = S_{S_1}\Phi_{S_1} + S_{X_1}\Phi_{X_1} = \Phi_{S_1} + S_{X_1}\left(\Phi_{X_1} - \Phi_{S_1}\right) \qquad \text{式 4 - 5}$$

$$\Phi_2 = S_{S_2}\Phi_{S_2} + S_{E_2}\Phi_{E_2} = \Phi_{S_2} + S_{E_2}\left(\Phi_{E_2} - \Phi_{S_2}\right) \qquad \text{式 4 - 6}$$

其中，$S_{G_t} = \sum_{i \in G} S_{it}$ 代表组 G 中所有企业占整个行业的市场份额，$\Phi_{G_t} = \sum_{i \in G}\left(S_{it}/S_{G_t}\right)\varphi_{it}$ 指组 G 的整体生产率。由此，可得整体行业生产率的变动 $\Delta\Phi$，它是在位企业组（S）、进入企业组（E）和退出企业组

（X）市场份额及生产率的函数，再利用公式 4 - 4 所示 OP 分解法单独对在位企业组生产率进行分解，则得：

$$\Delta\Phi = (\Phi_{S_2} - \Phi_{S_1}) + S_{E_2}(\Phi_{E_2} - \Phi_{S_2}) + S_{X_1}(\Phi_{S_1} - \Phi_{X_1})$$
$$= \Delta\overline{\varphi}_S + \Delta cov_S + S_{E_2}(\Phi_{E_2} - \Phi_{S_2}) + S_{X_1}(\Phi_{S_1} - \Phi_{X_1}) \qquad 式4-7$$

第一行指整体生产率的变动可分为在位企业组、进入企业组和退出企业组等三个部分的变动，第二行进一步利用 OP 分解将在位企业组变动分解为在位企业内部生产率分布变化的影响（即在位企业简单平均生产率的变动 $\Delta\overline{\varphi}_S$）及在位企业间市场份额重新配置的影响（即在位企业市场份额与生产率协方差的变动 Δcov_S）。

MP 生产率分解需对每一年企业分组，分解时该年如果作为第一期，则需分组为在位企业和退出企业两组，如果作为第二期，则需分解为在位企业组和进入企业组。某年进入企业组定义为该组企业在 2005 年至此前一年未在深圳规上工业库中出现，某年退出企业组定义为该组企业在此年后一直到 2014 年未在库中出现，如表 4 - 2 所示。基于企业生产率及分组信息，采用 MP 方法进行的深圳 TFP 增长分解结果见表 4 - 10。

表 4 - 10　TFP 生产率分解（2005—2014）

年度		总增长	企业内	企业间	净进入	进入	退出
2005—2014	水平	1.028	0.564	0.574	-0.109	-0.175	0.066
	份额	1	0.548	0.558	-0.106	-0.170	0.064
2009—2014	水平	0.779	0.355	0.406	0.018	-0.079	0.097
	份额	1	0.456	0.521	0.023	-0.101	0.124
2005—2006	水平	0.101	0.068	0.097	-0.065	0.006	-0.071
2006—2007	水平	-0.159	0.101	-0.228	-0.032	-0.044	0.012
2007—2008	水平	0.005	0.234	-0.194	-0.034	-0.043	0.009

年度	总增长		企业内	企业间	净进入	进入	退出
2008—2009	水平	0.303	-0.195	0.493	0.004	-0.015	0.020
2009—2010	水平	0.015	0.185	-0.181	0.011	-0.009	0.020
2010—2011	水平	0.174	0.076	0.067	0.031	-0.014	0.045
2011—2012	水平	0.307	0.036	0.283	-0.012	-0.023	0.011
2012—2013	水平	0.112	-0.006	0.136	-0.019	-0.030	0.011
2013—2014	水平	0.171	0.064	0.101	0.006	-0.004	0.010

2005—2014 年深圳 TFP 整体增长来源于四个部分：在位企业本身的效率提升、在位企业间的资源配置效率改善、企业进入效应和企业退出效应。深圳制造业效率提升的主要来源是企业自身成长和企业间配置效应贡献份额，企业自身成长贡献份额为 54.8%，企业间配置效应贡献份额为 55.8%，而企业净进入效应贡献份额是 -10.6%。不过从 2009—2014 年看（见表 4-10 和图 4-3），进入企业贡献的负效应变小，退出企业贡献的正效应变强，"优胜劣汰"效应贡献份额转为正。

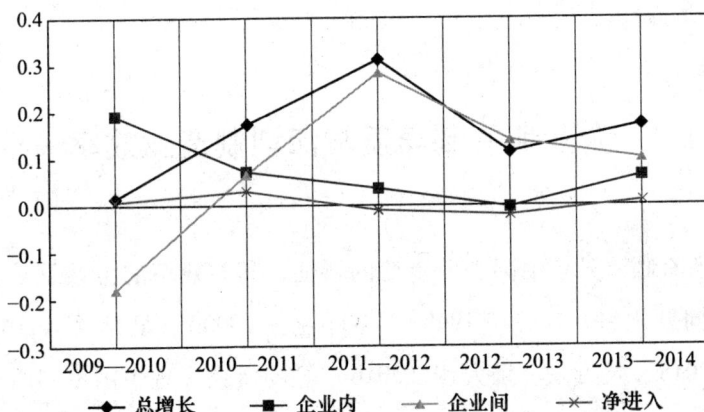

图 4-3 TFP 生产率分解（2009—2014）

值得关注的是，这十年间深圳制造业 TFP 增长中，在位企业资源再配置效应略大于企业自身成长效应，而近五年的分解结果显示资源再配置效应进一步超过企业自身成长效应，特别是 2011 年后（如图所示），TFP 增长主要来源于资源再配置效应。这说明深圳制造业生产率增长中，企业本身成长的作用相对变小，而企业间配置效率改善的作用越来越大。如前文所述，随着经济发展水平和技术水平的提高，企业绝对技术进步提升的空间越来越狭窄，需要消耗更多的资源来支撑技术进步，而资源配置效率提升从而推动生产率提升才是真正的内生增长模式（杨汝岱，2015），资源由低效率企业流向高效率企业，即使企业本身绝对技术进步没有提升，整体生产率也可以不断提高。从数据分解结果看，深圳制造业近年的发展正契合这样的增长模式，整体生产率水平提高主要源于资源配置效率的改善。这也许得益于深圳良好的市场竞争环境，市场在资源配置中发挥了决定性作用，资源可更自由地在企业间、产业间、区域间流动，从低效率企业流向高效率企业。这也启示政府，在经济结构转型过程中，既要关注市场失灵，又需着力营造良好市场环境，真正发挥市场作用，从而使得资源配置效率得到提升，带动整体生产率水平的提高。

4.5 企业所有制异质与深圳制造业效率

企业所有制差异是中国企业重要的特征，其与效率的关系是学界关注的热点问题之一。姚洋（1998）、刘小玄（2000）、吴延兵（2012）、杨汝岱（2015）吴万宗、宗大伟（2016）等的研究发现中国不同所有制企业间存在着生产率水平差异，且国有企业效率不如其他所有制企业。那么，深圳不同所有制企业与生产率关系是否有着文献所述的相同表现呢？本节接下来利用 2005—2014 年深圳制造业数据来考察深圳企业所有制与全要素生产率的关系。

4.5.1　企业所有制分类

依据2011年《国家统计局国家工商总局关于划分企业登记注册类型的规定调整的通知》，根据企业登记注册类型信息先将企业分类为国有企业、民营企业（集体、私营）、内资混合所有制企业、港澳台商投资企业和外商投资企业。如表所示，国有企业包括内资中110、141和151三个登记注册类型；民营企业（集体、私营）包括内资中120、130、142、149、171、172、173、174和190等登记注册类型；内资混合所有制企业包括内资中除国有与民营外的143、159和160等三个登记注册类型；港澳台商投资企业包括210、220、230、240和290；外商投资企业包括310、320、330、340和390。对于内资混合所有制企业，进一步依据企业控股情况，将其分为国有控股企业和民营控股企业，即内资混合所有制企业中，如控股情况为国有控股的（2005年为国有绝对控股或国有相对控股的），则判定为国有控股企业，其他为民营控股企业。由此，可将企业分类为国有企业、国有控股企业、民营企业、民营控股企业、港澳台商投资企业和外商投资企业。将国有及国有控股企业合并、民营和民营控股企业合并，各企业也可分类为国有及国有控股企业、民营及民营控股企业、港澳台商投资企业和外商投资企业。

表4-11　企业所有制分类

企业所有制类型	代码	企业登记注册类型	企业所有制类型	代码	企业登记注册类型
国有企业	110	国有	内资混合所有制企业	143	国有与集体联营
	141	国有联营		159	其他有限责任公司
	151	国有独资公司		160	股份有限公司

企业所有制类型	代码	企业登记注册类型	企业所有制类型	代码	企业登记注册类型
民营企业（集体、私营）	120	集体	港澳台商投资企业	210	与港澳台商合资经营
	130	股份合作		220	与港澳台商合作经营
	142	集体联营		230	港澳台商独资
	149	其他联营		240	港澳台商投资股份有限公司
	171	私营独资		290	其他港澳台投资
	172	私营合伙	外商投资企业	310	中外合资经营
	173	私营有限责任公司		320	中外合作经营
	174	私营有限股份公司		330	外资企业
	190	其他内资		340	外商投资股份有限公司
		—		390	其他外商投资

4.5.2　不同所有制企业资源配置情况

图 4 - 4、4 - 5、4 - 6 分别是各年度深圳制造业企业中不同所有制企业的增加值、从业人数和企业数占比情况。2005 年，国有企业、国有控股企业、民营企业、民营控股企业、港澳台商投资企业和外商投资企业增加值占比分别为 1.95%、6.60%、9.12%、10.82%、31.50% 和 40.00%，从业人数占比分别为 0.70%、2.42%、14.78%、4.47%、49.03% 和 28.60%，企业数占比分别为 1.30%、1.05%、31.04%、4.59%、44.16% 和 17.87%。到 2014 年，国有企业、国有控股企业、民营企业、民营控股企业、港

澳台商投资企业和外商投资企业增加值占比分别为 0.94％、15.46％、16.32％、28.09％、20.41％和 18.78％，从业人数占比分别为 0.14％、5.15％、23.11％、12.73％、35.95％和 22.92％，企业数占比分别为 0.27％、1.19％、45.92％、8.92％、32.22％、11.49％。

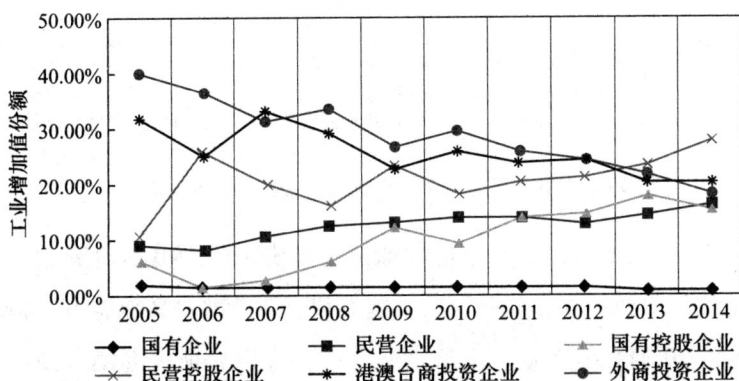

图 4-4　不同所有制企业增加值份额（2005—2014）

十年来，从增加值占比上看，港澳台商投资企业和外商投资企业规模有明显下降，合计从 71.50％降到 39.19％，跌幅分别达 35.22％和 53.04％；国有控股企业市场份额增加 9 个百分点，民营控股企业市场份额增加 17 个百分点，两者合计即内资混合所有制企业市场份额由 17.42％增至 43.55％，在国民经济中的作用越来越大；民营企业规模由 9.12％总体上逐年上升至 16.32％，国有企业规模由 1.95％进一步降至 0.94％。国有及国有控股企业、民营及民营控股企业、港澳台及外商投资企业由 2005 年 8.56％、19.94％、71.50％的格局演变成 2014 年 16.40％、44.41％、39.19％的格局。

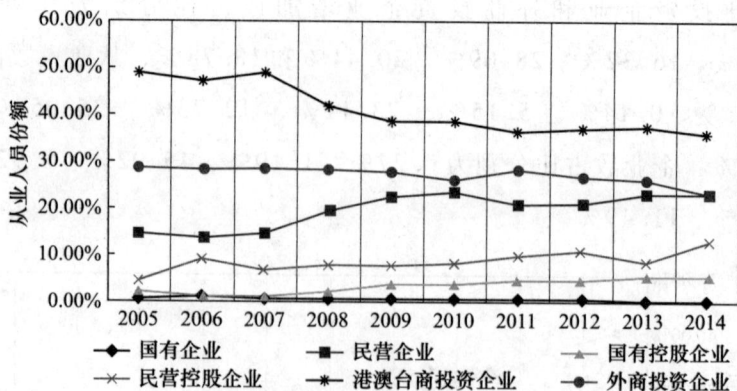

图 4-5　不同所有制企业从业人员份额（2005—2014）

从就业人数上看，用每单位增加值市场份额吸纳就业份额量（就业份额/增加值份额）来衡量不同所有制类型企业的就业吸纳能力，2005 年国有企业、国有控股企业、民营企业、民营控股企业、港澳台商投资企业和外商投资企业的单位增加值份额吸纳就业份额量分别为 0.36、0.37、1.62、0.41、1.56 和 0.71，到 2014 年则分别为 0.15、0.33、1.42、0.45、1.76 和 1.22。国有企业、国有控股企业和民营控股企业的单位增

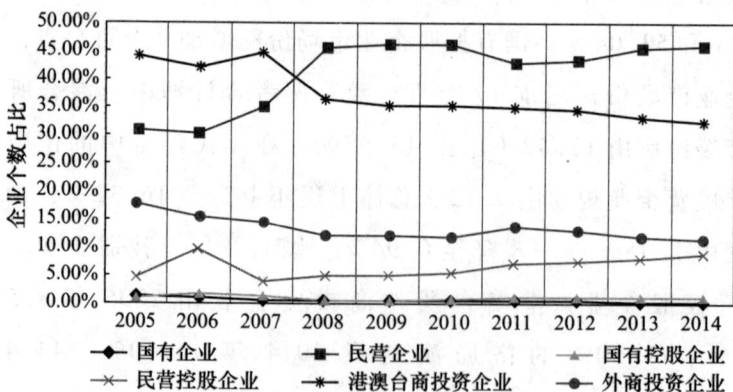

图 4-6　不同所有制企业企业个数占比（2005—2014）

加值份额就业吸纳能力低于其他类型企业。从各不同所有制类型企业的企业数情况看，2014年民营企业占45.92%，其次是港澳台商投资企业，占32.22%，外商投资企业占11.49%，民营控股企业占8.92%，国有和国有控股企业占1.46%。结合增加值情况看，单位企业增加值由大到小依次是国有控股企业、国有企业、民营控股企业、外商投资企业、港澳台商投资企业和民营企业，前三位都是国有产权相关企业，这是国企抓大放小改革积极发展大型企业和企业集团的体现。

4.5.3 不同所有制企业全要素生产率水平

图4-7、4-8、4-9是按所有制分类计算的整体全要素生产率水平（增加值加权）。图4-7显示，总体上看，整体全要素生产率水平最高的是国有及国有控股企业，其次是民营及民营控股企业，第三是外商投资企业，最后是港澳台商投资企业。

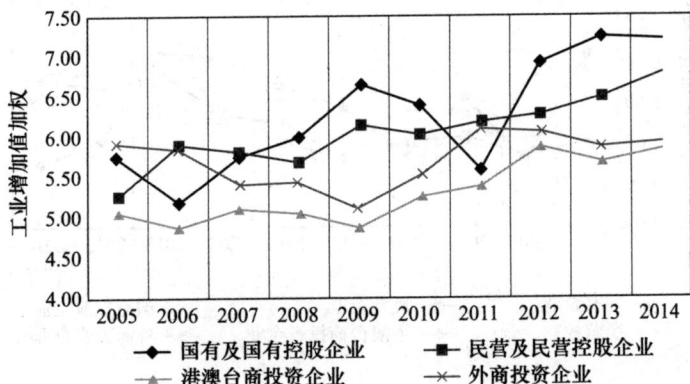

图4-7 不同所有制企业全要素生产率1（2005—2014）

图4-8显示，内资混合所有制企业的整体全要素生产率水平显著超过国有企业、民营企业、港澳台商投资企业和外商投资企业，民营企业、港澳台商投资企业的效率排最后两位。从十年间全要素生产率平均水平

看，内资混合所有制企业为 6.46，外商投资企业为 5.71，国有企业为 5.46，澳台商投资企业为 5.29，民营企业为 5.16。

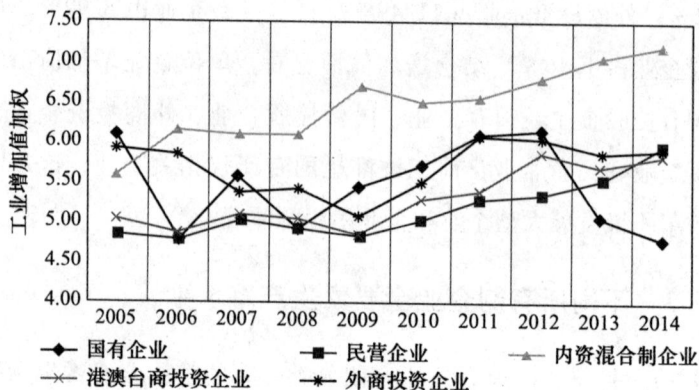

图 4 – 8　不同所有制企业全要素生产率 2（2005 – 2014）

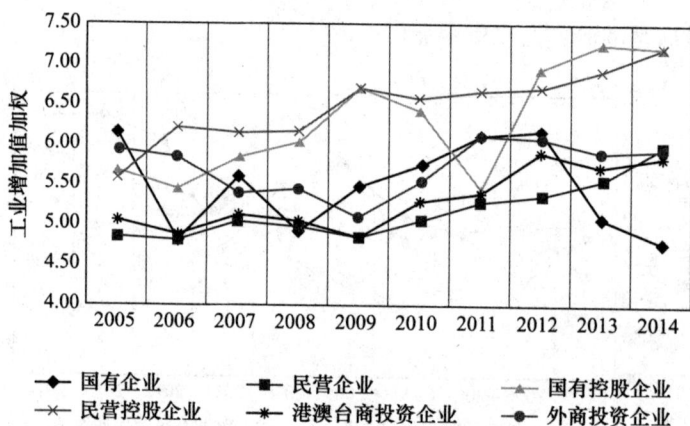

图 4 – 9　不同所有制企业全要素生产率 3（2005 – 2014）

图 4 – 9 显示，内资混合所有制企业中，民营控股企业的效率水平略大于国有控股企业，民营控股企业效率逐年上升，国有控股企业效率总体上升，不过因企业数较少个别企业进入退出影响大，某些年份波动较大。与已有文献对全国数据研究结论相似的是，深圳不同所有制制造业

企业间确实存在着生产率水平差异，但不同的是，深圳国有及国有控股企业效率并没有像已有文献研究的那样完全不如其他所有制企业，而是表现良好，背后的原因可能有两点。一是两者研究对象的样本范围不同，已有文献用的是全国数据，而本章使用的是深圳数据。深圳在 1985 年前几乎没有工业，自然没有所谓的国有企业历史包袱。此后在其工业由小变大、由弱变强的发展过程中，深圳国有经济也不断发展壮大。得益于深圳先人一步的市场化改革和较早建立的市场经济框架体系，深圳国有企业在市场竞争中表现出了较强的竞争力和活力。另一个原因可能是研究对象所处时间阶段不同，从而发展状况也不同。如姚洋（1998）等是利用 1995 年全国工业普查数据、杨汝岱（2015）等是基于 1998—2007 年的全国工业数据进行的研究，本章则使用的是更近的 2005—2014 年深圳数据。自 20 世纪 90 年代起至今，正是国有企业改革的重要推进期，建立现代企业制度、国有企业战略布局调整、企业股权多元化改革、发展混合所有制经济等重要改革措施不断推出，历年的发展让现时深圳国企面貌已焕然一新，不可同日而语，因此呈现出与全国十载前不同景象亦是应有之义。

从图 4 - 10 呈现的 2005 年、2014 年分所有制企业层面全要素生产率的分布来看，相比 2005 年，2014 年各所有制企业 TFP 分布总体向右偏移，说明各类型企业 TFP 总体上得到提升。同时，各所有制企业 TFP 分布集中程度也有所上升，说明资源配置效率提高，这与上一节的研究结论吻合。

4.5.4　不同所有制企业的资源配置与 TFP 变动间的关系

进一步考察十年来深圳不同所有制企业的资源配置与 TFP 变动间的关系。表 4 - 12 呈现了各类企业的总产出占比变动、就业占比变动、资本存量（固定资产原价）占比变动、人均资本变动等资源指标以及工业增

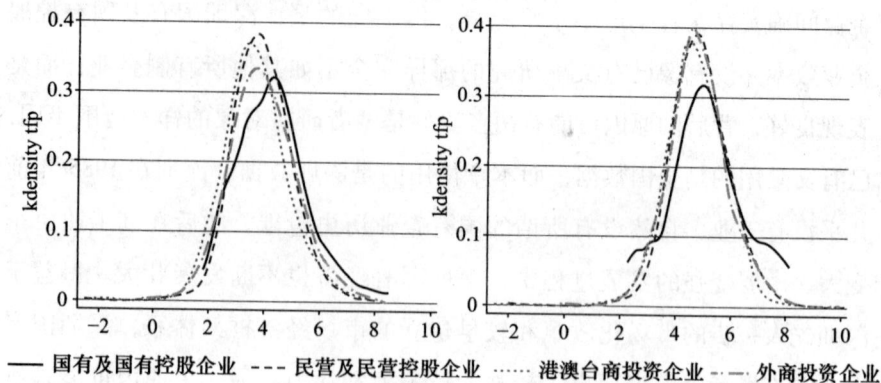

—— 国有及国有控股企业 - - - 民营及民营控股企业 ……… 港澳台商投资企业 - - 外商投资企业

图 4 - 10　不同所有制企业全要素生产率分布图（左：2005；右：2014）

加值加权 TFP 变动和从业人数加权 TFP 变动等效率指标。从效率变动看，国有及国有控股企业 TFP 提高 26%（工业增加值加权 TFP 变动率和从业人数加权 TFP 变动率的平均值，下同），民营及民营控股企业 TFP 提高 29%，港澳台商投资企业 TFP 提高 22%，外商投资企业 TFP 提高 9%，国有及国有控股企业和民营及民营控股企业的效率提升速度要高于港澳台资及外资企业。从资源配置看，国有及国有控股企业和民营及民营控股企业的总产出占比、就业占比、资本存量占比的增长率都高于港澳台资及外资企业。而将各所有制企业效率变动和资源配置情况结合在一起看的话，则可以发现一个有意思的现象，即某一所有制企业 TFP 效率提升速度越快，则其资源占有的增长速度也越高，这应该不是一个巧合，可能是市场正常逻辑的自然体现。十年间，国有及国有控股企业和民营及民营控股企业 TFP 水平由不如外商投资企业到超出甚多，市场的力量自然推动更多的资源向这两类企业聚集，从而产出份额、就业份额和资本份额均有较大幅度提高，而外商投资企业的产出份额由 0.46 降为 0.26，就业份额由 0.29 降为 0.23，资本存量份额基本持平。港澳台商投资企业其效率虽有提升，但到 2014 年依旧处四类所有制企业中的最低水平，资源外流，从而产出份额、就业份额和资本份额较大幅度降低。从各类所有制企业占有资源产生的效率看[①]，国有及国有控股企业的投资效率为 0.49，民营及民营控股企业的投资效率为 0.62，港澳台商投资企业的投资效率为 0.47，外商投资企业的投资效率为 0.08，外商投资企业要低于其他三类企业。从资源配置效率的角度来看，外商投资企业获得了过多的资源。十年间外商投资企业的人均资本存量上升 110%，而同期其他三类企业的人均资本存量只上升 50% 左右，外商投资企业人均资本存量增长最多而 TFP 效率并无太多增长，之所以能吸纳更多的资本，应该是其 TFP 效率相对较高的结果，在样本初期外商投资企业效率最高，其后有所波动，样本末期低于高于港澳台企业内资企业但远低于内资企业。

表 4 – 12　不同所有制企业的资源配置与 TFP 变动间的关系

企业类型	年度及变化率	产出占比	就业占比	资本占比	人均资本	TFP – add	TFP – emp
国有及国有控股企业	2005	0.06	0.03	0.07	19.84	5.74	4.88
民营及民营控股企业		0.15	0.19	0.16	7.03	5.25	4.17
港澳台商投资企业		0.32	0.49	0.42	7.20	5.04	3.94
外商投资企业		0.46	0.29	0.34	9.90	5.91	4.49
国有及国有控股企业	2014	0.10	0.05	0.12	30.15	7.18	6.16
民营及民营控股企业		0.41	0.36	0.27	10.32	6.79	5.38
港澳台商投资企业		0.23	0.36	0.27	10.54	5.82	5.06
外商投资企业		0.26	0.23	0.34	20.79	5.92	5.26
国有及国有控股企业	变化率	62%	70%	55%	52%	25%	26%
民营及民营控股企业		165%	86%	64%	47%	29%	29%
港澳台商投资企业		– 30%	– 27%	– 35%	46%	15%	29%
外商投资企业		– 43%	– 20%	1%	110%	0%	17%

[①]　遵循杨汝岱（2015）构建反映投资效率的指标 e = TFP 增速/人均资本增速，表示单位人均资本的变化带来的企业效率变化。

4.6 本章小结

本章运用 2005—2014 年深圳规模以上工业企业数据，从构建面板数据、处理资本、中间投入、直接材料消耗、劳动力和价格指数变量等方面全面规整深圳工业企业数据库，计算企业层面全要素生产率，解析深圳制造业效率动态变化，并考察深圳企业所有制与全要素生产率的关系。结论如下：

（1）2005—2014 年，深圳制造业 TFP 年平均增长 1.93%，略低于同期中国 TFP 年均 2.32% 的增速，但 2009—2014 年深圳年平均增长 2.58%，比 2005—2008 年有较大提高，且远远高于同期中国 TFP 年均 1.31% 的增速。

（2）十年间深圳制造业 TFP 增长中，在位企业资源再配置效应略大于企业自身成长效应，近五年资源再配置效应进一步超过企业自身成长效应，特别是 2011 年后，深圳 TFP 增长主要来源于资源再配置效应。说明深圳制造业生产率增长中企业本身成长的作用相对变小，企业间配置效率不断改善，契合"市场在资源配置过程中起决定性作用"的改革思路。

（3）深圳不同所有制制造业企业间确实存在着生产率水平差异，但深圳国有及国有控股企业效率表现良好，优于外商及港澳台投资企业。得益于深圳领先的市场化改革，其国有经济在市场竞争中呈现出较强的竞争力和活力。

第5章 总结

在经济新常态下，深圳既要保持经济的稳定增长，又要积极实施质量发展战略，加快推进创新驱动发展，促进经济增长质量提升。本文以"深圳市经济增长质量"为主题进行研究，以统计数据为基础，对深圳市经济增长质量做出综合评价，并重点探讨和研究对经济增长质量有重要影响的产业融合和企业全要素生产率问题。

1. 深圳市经济增长质量总体评价。第二章在把握经济增长质量内涵的基础上，从结构优化、稳健有效、民生共享、资源环境、创新素质等方面构建经济增长质量评价指标体系，采用主成分分析法对2000—2013年深圳市经济增长质量时序变化进行的量化考察表明：（1）新世纪以来，深圳市经济增长质量水平大幅提升，年均增长17.5%，甚至超过同期GDP年均实际增长13.7%、名义增长15.7%的速度，深圳市在经济增长的数量水平和质量水平上都取得显著成绩。（2）经济增长结构优化等五个维度对经济增长质量指数的变化都有正向的作用，影响最大的是资源环境和创新素质维度，稳健有效、民生共享和结构优化维度对经济增长质量指数的作用也较大。（3）与北京、上海和广州三城的经济增长质量水平相比，深圳市除在2007排名第三外，其他年度均处第二位，保持较高水平。但深圳在2003年后与首位北京的差距越拉越大，同期也被上海追上，在提高增长质量水平上仍需加力。深圳应进一步促进产业结构转型升级，重视需求结构的调整，加大扩大内需力度，推进金融创新发展。同时在稳健有效和民生共享方面，深圳应关注劳动生产率和全要素生产率的提高，更加注重扩大就业和缩小收入差距。

2. 深圳生产性服务业与各产业融合及空间分布。第三章采用投入产出方法和空间统计分析方法，对深圳生产性服务业与各产业的融合及空间分布进行了经验研究，由此得出以下主要结论：（1）2007—2012年，深圳生产性服务业快速发展，在经济中的地位逐步上升，服务业的生产性服务功能日益凸显。但与国内先进水平北京相比，深圳生产性服务总体规模和占总产出的比重偏低。目前深圳生产性服务业结构高级化已达一定水平，金融业、租赁商务业等具较高知识与人力资本含量的生产性服务投入处相对优势地位，但科研技术服务的市场化水平有待提升；深圳生产性服务的六成投入第三产业，近四成投入第二产业，其第三产业占用生产性服务的比重与北京存有差距，但呈现出的动态发展趋势表明深圳生产性服务投入结构优化明显，与先进水平愈趋接近。（2）基于服务投入率的产业融合分析表明，深圳的三次产业的生产性服务投入率都低于北京，表明深圳的服务经济发展水平不如北京。深圳第三产业的生产性服务投入率最高，说明服务业发展自身具有较强的增强效应；深圳第二产业仍然停留在依靠流通服务业的传统阶段，对信息服务业、科技服务业等知识和技术密集型生产性服务业的使用程度低；深圳生产性服务业与制造业融合发展并不深入；深圳第三产业对生产性服务业的消耗使用较为均衡，服务业自身初步产生了产业关联体系。（3）基于影响力和感应度系数的产业融合分析表明，深圳服务业与其他产业部门的前后向联系效应相对较弱，融合程度相对较低，服务业未能对经济中其他产业部门产生强大的拉动作用，受其他部门的需求拉动作用也不大，服务业发展具有较强的内部循环和自我增强作用。（4）以通信计算机电子设备业与批发零售业为代表的空间分析显示，深圳生产性服务业与制造业空间分布的总体差异明显，二者营收空间分布均呈现显著的空间聚集性，但在空间分布格局上有较大差异，具有空间可分性。应加强产业链融合，促进二者互动发展。

3. 深圳制造业全要素生产率研究。第四章运用 2005—2014 年深圳规模以上工业企业数据，从构建面板数据、处理资本、中间投入、直接材料消耗、劳动力和价格指数变量等方面全面规整深圳工业企业数据库，计算企业层面全要素生产率，解析深圳制造业效率动态变化，并考察深圳企业所有制与全要素生产率的关系。由此得出以下主要结论：(1) 2005—2014 年，深圳制造业 TFP 年平均增长 1.93%，略低于同期中国 TFP 年均 2.32% 的增速，但 2009—2014 年深圳年平均增长 2.58%，比 2005—2008 年有较大提高，且远远高于同期中国 TFP 年均 1.31% 的增速。(2) 十年间深圳制造业 TFP 增长中，在位企业资源再配置效应略大于企业自身成长效应，近五年资源再配置效应进一步超过企业自身成长效应，特别是 2011 年后，深圳 TFP 增长主要来源于资源再配置效应。说明深圳制造业生产率增长中企业本身成长的作用相对变小，企业间配置效率不断改善，契合"市场在资源配置过程中起决定性作用"的改革思路。(3) 深圳不同所有制制造业企业间确实存在着生产率水平差异，但深圳国有及国有控股企业效率表现良好，优于外商及港澳台投资企业。得益于深圳领先的市场化改革，其国有经济在市场竞争中呈现出较强的竞争力和活力。

参考文献

【1】Baily, M. N. , C. Hulten, and D. Campbell, 1992, "Productivity Dynamics in Manufacturing Plants", Brookings Papers on Economic Activity: Microeconomics, 4: 187 –267.

【2】Brandt, L. , J. Van Biesebroeck, and Y. Zhang, 2012, "Creative accounting or creative destruction? Firm – level productivity growth in Chinese manufacturing", Journal of Development Economics, 97 (2): 339 –351.

【3】Brandt, L. , and T. G. Rawski, 2008, "China's Great Economic Transformation", Cambridge University Press.

【4】Cohen S, Zysman J. (1987, "Manufacturing Matters: The Myth of the Post – industrial Economy", New York: Basic Books.

【5】Foster, L. , Haltiwanger, J. C. , and Syverson, C. , 2008, "Reallocation, Firm Turnover and Effciency: Selection on Productivity or Protability?", American Economic Review, 98 (1): 394 –425.

【6】Greenfield H. , 1966, "Manpower and the Growth of Producer Services", New York: ColumbiaUniversity Press.

【7】Griliches, Z. and Regev, H. , 1995, "Firm productivity in Israeli Industry: 1979 –1988", Journal of Econometrics, 65: 175 –203.

【8】Hsieh, C. , 1999, ". Productivity Growth and Factor Prices in East

Asia", American Economic Review, 89 (2): 133 – 138.

【9】 Hsieh, C. – T., and P. J. Klenow, 2009, "Misallocation and Manufacturing TFP in China and India", Quarterly Journal of Economics, 124 (4): 1403 – 1448.

【10】 Khandelwal, A. K., P. K. Schott, and S. Wei, 2013, "Trade Liberalization and Embedded Institutional Reform: Evidence from Chinese Exporters", American Economic Review, 103 (6): 2169 – 2195.

【11】 Klodt. H, 2000, "Structural Change Towards Services: the German Experience", University of Birmingham IGS Discussion Paper.

【12】 Levinsohn, J., and A. Petrin, 2003, "Estimating production functions using inputs to control forunobservables", Review of Economic Studies, 70 (2): 317 – 341.

【13】 Lu, D., 2010, "Exceptional Exporter Performance? Evidence from Chinese Manufacturing Firms", JMP University of Chicago.

【14】 Melitz, M. J., and S. Polanec, 2013, "Dynamic Olley – Pakes Productivity Decomposition with Entry and Exit", NBER Working Paper 18182.

【15】 Olley, S., and A. Pakes, 1996, "The dynamics of productivity in the telecommunications equipment industry", Econometrica, 64 (6): 1263 – 1297.

【16】 Pappas N, Sheeha P., 1998, "The new manufacturing: Linkages between production and service activities", Melbourne: Victoria University Press, 127 – 155.

【17】 Qian Y Y., 1996, "Enterprise Reform in China: Agency Problems and Political Control", The Economics of Transition, 4 (2), pp. 427 – 447.

【18】 Robert J. Barro, 2002, "Quantity and Quality of Economic Growth", Economia Chilena, 5 (2): 17 – 36.

【19】 Rowthorn, R., R. Ramaswamy., 1999, "Growth, Trade and

Deindustrialisation", IMF Staff Papers, 46: 18 – 41.

【20】Young, A. , 1995, "The Tyranny of Numbers Confronting the Sta-tistical Realities of the East AsianGrowth Experience", Quarterly Journal of E-conomics, 110 (3): 641 – 680.

【21】Young, A. , 2000, "The Razor's Edge Distortions and Incremental Reform in the People's Republic ofChina", Quarterly Journal of Economics, 115 (4): 1091 – 1135.

【22】钞小静, 惠康. 中国经济增长质量的测度 [J]. 数量经济技术经济研究, 2009 (6): 75 – 86.

【23】钞小静, 任保平. 中国经济增长质量的时序变化与地区差异分析 [J]. 经济研究, 2011 (4): 26 – 40.

【24】陈宪, 黄建峰. 分工、互动与融合: 服务业与制造业关系演进的实证研究 [J]. 中国软科学, 2004 (10): 65 – 76.

【25】程大中. 中国生产者服务业的增长、结构变化及其影响——基于投入 – 产出法的分析 [J]. 财贸经济, 2006 (10): 45 – 52.

【26】代中强. 制造业与生产者服务业的互动关系——来自长三角的证据 [J]. 产业经济研究, 2008 (4): 22 – 28.

【27】邓丽姝. 生产性服务业主导的产业融合——基于北京市投入产出表的实证分析 [J]. 技术经济与管理研究, 2013 (3): 124 – 128.

【28】董晓远, 廖明中. 深圳经济发展质量的测度 [J]. 特区实践与理论, 2013 (4): 50 – 53.

【29】高觉民, 李晓慧. 生产性服务业与制造业的互动机理: 理论与实证 [J]. 中国工业经济, 2011 (6): 151 – 160.

【30】顾乃华. 我国服务业对工业发展外溢效应的理论和实证研究 [J]. 统计研究, 2005 (12): 9 – 13.

【31】广东省统计局课题组. 广东经济增长质量和效益研究 [J]. 统

计与预测，2014（4）：15 - 26.

【32】郭庆旺，贾俊雪. 中国全要素生产率的估算：1979—2004［J］. 经济研究，2005（6）：51 - 60.

【33】胡晓鹏，李庆科. 生产性服务业与制造业共生关系研究——对苏、浙、沪投入产出表的动态比较［J］. 数量经济技术经济研究，2009（2）：33 - 46.

【34】［苏联］卡马耶夫. 经济增长的速度和质量［M］. 武汉：湖北人民出版社，1983：19 - 32.

【35】李博，韩增林. 基于投入产出法的大连市生产性服务业与制造业互动研究［J］. 地理科学，2012（2）：169 - 175.

【36】李国平，王春杨. 我国省域创新产出的空间特征和时空演化——基于探索性空间数据分析的实证［J］. 地理研究，2012（1）：95 - 106.

【37】李娟伟，任保平. 重庆市经济增长质量评价与分析［J］. 重庆大学学报（社会科学版），2014（3）：95 - 102.

【38】李永友. 基于江苏个案的经济发展质量实证研究［J］. 中国工业经济，2008（6）：138 - 147.

【39】李永友. 经济发展质量的实证研究：江苏的经验——基于经济发展质量指标体系的分析［J］. 财贸经济，2008（8）：113 - 118.

【40】李玉红，王皓，郑玉歆. 企业演化：中国工业生产率增长的重要途径［J］. 经济研究，2008（6）：12 - 23.

【41】林毅夫，李志赟. 政策性负担、道德风险与预算软约束［J］. 经济研究，2004（2）：17 - 27.

【42】刘起运. 关于投入产出系数结构分析方法的研究［J］. 统计研究，2002（2）：40 - 42.

【43】刘树成. 论又好又快发展［J］. 经济研究，2007（6）：4 - 13.

【44】刘小玄. 中国工业企业的所有制结构对效率差异的影响——1995 年全国工业企业普查数据的实证分析 [J]. 经济研究, 2000 (2)：17 – 25.

【45】刘亚建. 我国经济增长效率分析 [J]. 思想战线, 2002 (4)：30 – 33.

【46】刘亚军, 倪树高. 基于全要素生产率的浙江省经济增长质量分析 [J]. 浙江社会科学, 2006 (6)：48 – 53.

【47】鲁晓东, 连玉君. 中国工业企业全要素生产率估计：1999—2007 [J]. 经济学季刊, 2012 (1)：541 – 558.

【48】吕政, 刘勇, 王钦. 中国生产性服务业发展的战略选择：基于产业互动的研究视角 [J]. 中国工业经济, 2006 (8)：5 – 12.

【49】毛其淋, 盛斌. 中国制造业企业的进入退出与生产率动态演化 [J]. 经济研究, 2013 (4)：16 – 29.

【50】聂辉华, 贾瑞雪. 中国制造业企业生产率与资源误置 [J]. 世界经济, 2011 (7)：27 – 42.

【51】聂辉华, 江艇, 杨汝岱. 中国工业企业数据库的使用现状和潜在问题 [J]. 世界经济, 2012 (5)：142 – 158.

【52】邱灵, 申玉铭, 任旺兵. 北京生产性服务业与制造业的关联及空间分布 [J]. 地理学报, 2008 (12)：1300 – 1310.

【53】邱灵, 方创琳. 北京市生产性服务业空间集聚综合测度 [J]. 地理研究, 2013 (1)：99 – 110.

【54】邵军, 徐康宁. 转型时期经济波动对我国生产率增长的影响研究 [J]. 经济研究, 2011 (12)：97 – 110.

【55】申玉铭, 吴康, 任旺兵. 国内外生产性服务业空间集聚的研究进展 [J]. 地理研究, 2009 (6)：1494 – 1507.

【56】汪德华, 江静, 夏杰长. 生产性服务业与制造业融合对制造业

升级的影响——基于北京市与长三角地区的比较分析〔J〕. 首都经济贸易大学学报, 2010 (2): 15 - 22.

【57】王海江, 苗长虹, 茹乐峰, 关中美. 我国中心城市生产性服务业对外服务能力的空间格局——兼论与制造业分布关系〔J〕. 人文地理, 2014 (2): 83 - 89.

【58】王积业. 关于提高经济增长质量的宏观思考〔J〕. 宏观经济研究, 2000 (1): 11 - 17.

【59】王志刚, 龚六堂, 陈玉宇. 地区间生产效率与全要素生产率增长率分解 (1978—2003)〔J〕. 中国社会科学, 2006 (2): 55 - 66.

【60】吴万宗, 宗大伟. 何种混合所有制结构效率更高——中国工业企业数据的实证检验与分析〔J〕. 现代财经, 2016 (3): 15 - 25.

【61】吴延兵. 国有企业双重效率损失研究〔J〕. 经济研究, 2012 (3): 15 - 27.

【62】向书坚, 郑瑞坤. 基于质量指数的经济增长转型测度研究——以深圳经济增长为例〔J〕. 当代财经, 2012 (8): 82 - 93.

【63】项俊波. 中国经济增长结构失衡的测度与分析〔J〕. 管理世界, 2008 (9): 1 - 11.

【64】肖文, 徐静, 林高榜. 生产性服务业与制造业关联效应的实证研究——以浙江省为例〔J〕. 学海, 2011 (4): 75 - 80.

【65】阳立高, 谢锐, 贺正楚, 韩峰, 孙玉磊. 劳动力成本上升对制造业结构升级的影响研究——基于中国制造业细分行业数据的实证分析〔J〕. 中国软科学, 2014 (12): 136 - 147.

【66】杨汝岱. 中国制造业企业全要素生产率研究〔J〕. 经济研究, 2015 (2): 61 - 74.

【67】杨汝岱, 朱诗娥. 市场潜力、地方保护与企业成长〔J〕. 经济学动态, 2015 (11): 31 - 42.

【68】姚洋. 非国有经济成分对我国工业企业技术效率的影响 [J]. 经济研究，1998 (12)：29 – 35.

【69】姚战琪. 生产率增长与要素再配置效应：中国的经验研究 [J]. 经济研究，2009 (11)：130 – 143.

【70】余淼杰. 中国的贸易自由化与制造业企业生产率 [J]. 经济研究，2010 (12)：97 – 110.

【71】臧霄鹏，林秀梅. 生产性服务业与其他产业的关联关系研究——基于投入产出模型的动态分析 [J]. 经济问题，2011 (6)：23 – 26.

【72】张军，吴桂英，张吉鹏. 中国省际物质资本存量估算：1952—2000 [J]. 经济研究，2004 (10)：35 – 44.

【73】张军超，唐庚轩. 深圳生产性服务业的增长、结构及与各产业的融合 [J]. 商业研究，2016 (4)：1 – 8.

【74】张军超，杨文宇. 北上广深经济增长质量测度和分析 [J]. 工业技术经济，2016 (3)：143 – 151.

【75】张军超，杨文宇. 深圳市经济增长质量分析：2000—2013 [J]. 商业经济研究，2016 年 (9)：215 – 217.

【76】章文，李彦，张莉. 制造业与生产性服务业聚集及空间可分性研究——以深圳市为例 [J]. 测绘通报，2015 (2)：38 – 41.

后　记

　　2014 年，我有幸进入北大汇丰商学院和深圳统计学会博士后创新实践基地进行博士后工作，师从我国著名经济学家海闻教授和深圳统计局殷勇局长、杨新洪局长。在博士后报告研究中，几位导师既给予我悉心指导与教诲，同时又赋予我充分学术自由与开放，在几位导师的悉心指导和督促下，我一路顺利地走了下来。诸位导师们高屋建瓴的学术视野、严谨治学的学术态度、敏锐深邃的学术洞察力，都让我终身获益。在此，向三位导师表示我深深的敬意和由衷的感谢。

　　博士后开题和中期考核之时，我得到了深圳统计局李必祥巡视员以及北大汇丰商学院孔英教授、任颐副教授、涂志勇副教授的热情帮助与指导，借此机会向这些老师表示诚挚的谢意！

　　同时还要感谢深圳统计局胡卫东、谢军徽、夏有亮、戴建平、叶志林、沈宜、郑芬、邓小珍、莫蓉、周丽、刘大伟、赵庆军、黎伟波、刘桂勋、卢珊珊、曾诗琴、俞源清、张苑飞、侯锋、陈晓辉、李杨、冯志辉、魏春华、郑朝霞、麦雪飞、李剑辉、李俊文、麦绮玲、胡雪涛、李立红、陈中、唐庚轩、夏凌燕、钟喆雯、袁珣、彭秋芳、李树生、李劼、华琼辉、陈俊宏、王文韵、甘腾芳、邹皓、傅洁莹、胡居理、贺力勋、邓琼、练宇燕等领导、同事以及肖磊博士后，与你们交流时碰撞出了很多思想的火花。

感谢深圳社科院董晓远研究员、北京大学杨汝岱教授、西安邮电大学杨文宇博士，他们为本文提供了帮助和建议，感谢国家统计局深圳调查队、深圳市规土委提供的数据支持，谢谢！

在站之际，深圳统计局张群给了我诸多关爱和帮助，非常感谢！也感谢统计局黄轩国、刘新胜、朱志峰、陈彦祺、刘平、黄新考、许宝珍、侯利琴等领导和同事。感谢北大人事部范德尚老师，国发院邢惠清老师，深研院舒长青老师、刘素芳老师，汇丰商学院黄诗君老师、王石老师。他们在工作或生活上给我提供了诸多便利。

最后，我要感谢我的家人！她们一直是我坚强的后盾和温馨的港湾。感恩她们一直以来在背后的默默期盼、永远的爱与包容。